民族魂

学生成长励志故事读本

积善成德 故事

陈志宏◎编著

延边大学出版社

·延吉·

图书在版编目（CIP）数据

积善成德故事 / 陈志宏著 . —延吉：延边大学出
版社，2013.3（2024.1 重印）

ISBN 978-7-5634-5385-6

Ⅰ . ①积… Ⅱ . ①陈… Ⅲ . ①品德教育—中国—青年
读物 ②品德教育—中国—少年读物 Ⅳ . ① D432.62

中国版本图书馆 CIP 数据核字 (2013) 第 049207 号

积善成德故事

主编：陈志宏

责编：孙淑芹

封面设计：映像视觉

出版发行：延边大学出版社

社址：吉林省延吉市公园路 977 号　邮编：133002

电话：0433-2732435　传真：0433-2732434

网址：http://www.ydcbs.com

印刷：天津市天玺印务有限公司

开本：155×220 毫米　　　1/16

印张：8

字数：50 千字

版次：2013 年 03 月第 1 版

印次：2024 年 01 月第 4 次印刷

书号：ISBN 978-7-5634-5385-6

定价：38.00 元

民族魂，是一个民族的精髓，体现了一种民族的精神，是民族存在的精神支柱。

说起民族的精神，人们通常都会想到爱国主义。从古代的屈原、岳飞，到近代为保卫祖国领土完整的人民英雄；从古代的发明家张衡、毕昇，到今天为祖国的建设事业贡献力量的科学家；从古代的李白、杜甫，到今天为民族文学艺术的提高而不懈奋斗的文学家……在他们身上，都体现出一种广义的爱国主义和爱国精神。

爱国主义是一种伟大的民族精神，也是中华民族的传统美德，与我们祖国上下五千年的历史一样源远流长。作为一种巨大的精神力量，它对中华民族的历史发展与进步产生了重大的影响。

民族魂
学生成长励志故事读本

前 言

在我国古代历史上，不仅出现过许多杰出的政治家、军事家、思想家、文学家、科学家、艺术家，还出现过一大批忧国忧民、鞠躬尽瘁的仁人志士和抗击外敌、抵御入侵的民族英雄。他们或开发和改造祖国的河山，创造灿烂的中华文明；或英勇反击民族压迫和外来侵略，捍卫国家的主权和民族的尊严；或坚决反对民族分裂，维护国家的统一和民族的团结；或顺应历史潮流，积极改革弊政，励精图治，治国安邦，施利于民……他们从不同的侧面体现了中华民族的爱国主义精神，谱写了爱国主义的壮丽诗篇，铸造了中华民族坚不可摧的"民族

之魂"。

人们之所以将爱国主义精神作为中华民族精神的主要特征，是因为 19 世纪以来的中华民族饱受外来民族的欺凌、压迫和剥削，从而需要以爱国主义来凝聚人心、努力奋斗，从而获得民族的解放。

翻开中国近代史册，最触目惊心的是一场场的战争、一件件的国耻。深重的民族灾难，撞击着每一个爱国者的心。帝国主义列强发动了第一次鸦片战争、第二次鸦片战争、中法战争、中日甲午战争、八国联军之役等大小 100 多次战争。每一次战争，都以强迫清政府签订不平等条约而结束。

面对亡国灭种的威胁，华夏大地的炎黄子孙们掀起了波澜壮阔的爱国热潮，创造了光照千秋的爱国主义业绩。中华民族所散发出来的民族精神，无论在深度和广度上都是前无古人的。无数民族英雄、志士仁人，在救国图存、振兴中华的斗争中所表现出来的爱国精神，既是对中华民族古代爱国主义传统的继承与发扬，又具有鲜明的时代特征。

除了爱国主义之外，勤劳、勇敢、诚信、团结、知礼、尊贤、节俭、敬业，热爱和平、不屈不挠、自强不息、励精图治、开拓创新等，也都是中华民族的精神精髓，是中华民族灵魂的具体表现。在五千年的历史中，我们的先辈在这片土地上，以这种高尚的品行和美德不断地开辟，才有了如今屹立于世界民族之林的东方强国。作为一个有着漫长历史的积淀与升华的民族，伟大的民族精神早已烙刻在了我们每个人的灵魂深处，与我们的血肉融合在一起。

青少年是国家的希望，也是民族不断发展和延续的根本。总有一天，我们的民族精神、我们祖国的这片神奇的土地要传到当代青少年手中。从这个意义上来说，我们民族精神的生机与活力，我们祖国的命运与前途，也掌握在青少年的手中。因此，青少年的爱国主义教育和励志图强教育也就显得更加重要。为了增强和提升国民教育，尤其是青少年的爱国主义精神、民族精魂志向，我们精心编写了本套丛书——《民族魂——学生成长励志故事读本》丛书。

民族魂
学生成长励志故事读本

前 言

本套丛书将有史以来体现民族精神和民族灵魂的典型事迹，以通俗易懂的故事形式娓娓道来，非常适合青少年的阅读水平和欣赏口味。书中提供了古往今来多个典型人物和事件典范，展现出的人物也涉及社会的各个层面，有利于青少年立心、立志、爱国、进取，从而全方位地领悟中华民族的精神、灵魂之所在。

在本套丛书中，为帮助读者更好地理解和学习这些源远流长的美好精神，我们还在每一篇故事后面给出了"心灵物语"，旨在令故事更加结合现代社会，结合我们自身的道德发展，提高我们的民族爱国精神，并由此

而引发读者进一步的思考。

深刻的哲理人生，表现了博大精深的文化；精彩的人物事迹，道出了励精图治的典范；历代的爱国故事，喻出了民族精神的深意；高尚的品德展现，浓缩了上下五千年的灿烂文明……我们希望，青少年朋友们通过阅读本套丛书，能够受到深刻的爱国主义教育，能够真正体会到中华民族的灵魂所在，同时更能够汲取精华，励精图治，为提升自己的个人素质、为祖国未来的建设和发展作出努力。

全套丛书分类编排，内容详尽，文字优美，风格独具，是广大读者，尤其是青少年爱国励志教育的优秀读物。我们相信，本套丛书一定可以成为青少年朋友们的良师益友。

　　古文《三字经》里开篇就有："人之初，性本善。性相近，习相远。"的句子。善，是人类的天性。这种天性不同于本能，这种天性也不同于观念。一个天真的幼童、一个善良的人看见素不相识的人或者动物遭受痛苦时，他会难受甚至流泪，这个过程不须经过思考判断。善良是人性的标志，人不能没有善念。可是善良的天性是那么脆弱，一旦涉及个人的利害关系就会被抛在脑后。当一件事情涉及个人切身利益时，人的心理天平就会自然倾向对自己有利的一边，"善"在人的心目中也会变得无足轻重。

　　向善、乐善、扬善、行善不仅是一个人道德水平的重要标志，也是一个人成就君子人格的唯一途径，更是中华民族传统美德的集中体现。古文名篇《劝学》中有一句话十分耐人寻味："积善成德而神明自得，圣心备焉。"如果一个人不论何时何地，时时向善，每当私利与"善"发生冲突时，总是以善为念，一贯如此。久而久之，当善良的本性变得越来越强，名利、私欲再也不能够左右他的判断和行为时，他就能做到神明自得，成为一个道德高尚的人。只有人人向善、人人乐善、人人行善、积善成德，社会才能充满善良，人们才能体会到善良的美好，才能真正构建起和谐美好的社会。

俗话说："污泥掷人，先脏己手；予人玫瑰，手留余香。"行善之人，人必善待之。当我们行善时，也是为自己积累财富，是让爱的种子在你我心中传递。让我们将"行善"当作一种习惯，让我们在寻善源、存善心、纳善言、行善事，在思善、写善、行善、扬善的过程中表现我们的真诚与感动！让善的阳光更加灿烂，照亮每一个角落！

有句歌词写得好："只要人人都献出一点爱，世界将变成美好的人间。"善良是一种美德，是发自内心的对他人的体恤与关爱，常常体现在寸言微行、举手投足之间。当善行成为人们道德的自然流落，当善行成为一种公共习惯，当善行成为所有人自觉践行的准则，那么这个世界就会无处不美、无人不美。让善良占据我们的心灵，哪怕只是相逢时的一个微笑，困难面前的一次援手，邻里同事的一点儿宽容，饥渴时的一个橘子、一口水……虽都是举手之劳，但都润泽心田；虽都是芝麻小事，但都温暖心扉。

本书中，我们精心编选了一些积善成德的故事，让读者从中得到启迪。日行一善，便可德增一分。所以，不要小视每一次善良的举动，积少成多，积善成德，每人献出自己的一份光和热，世界便会变得五彩斑斓，也会为我们的社会和谐增砖添瓦，贡献一份力量。只要有了好的德行，才会使生活变得意义非凡。

目录

CONTENTS

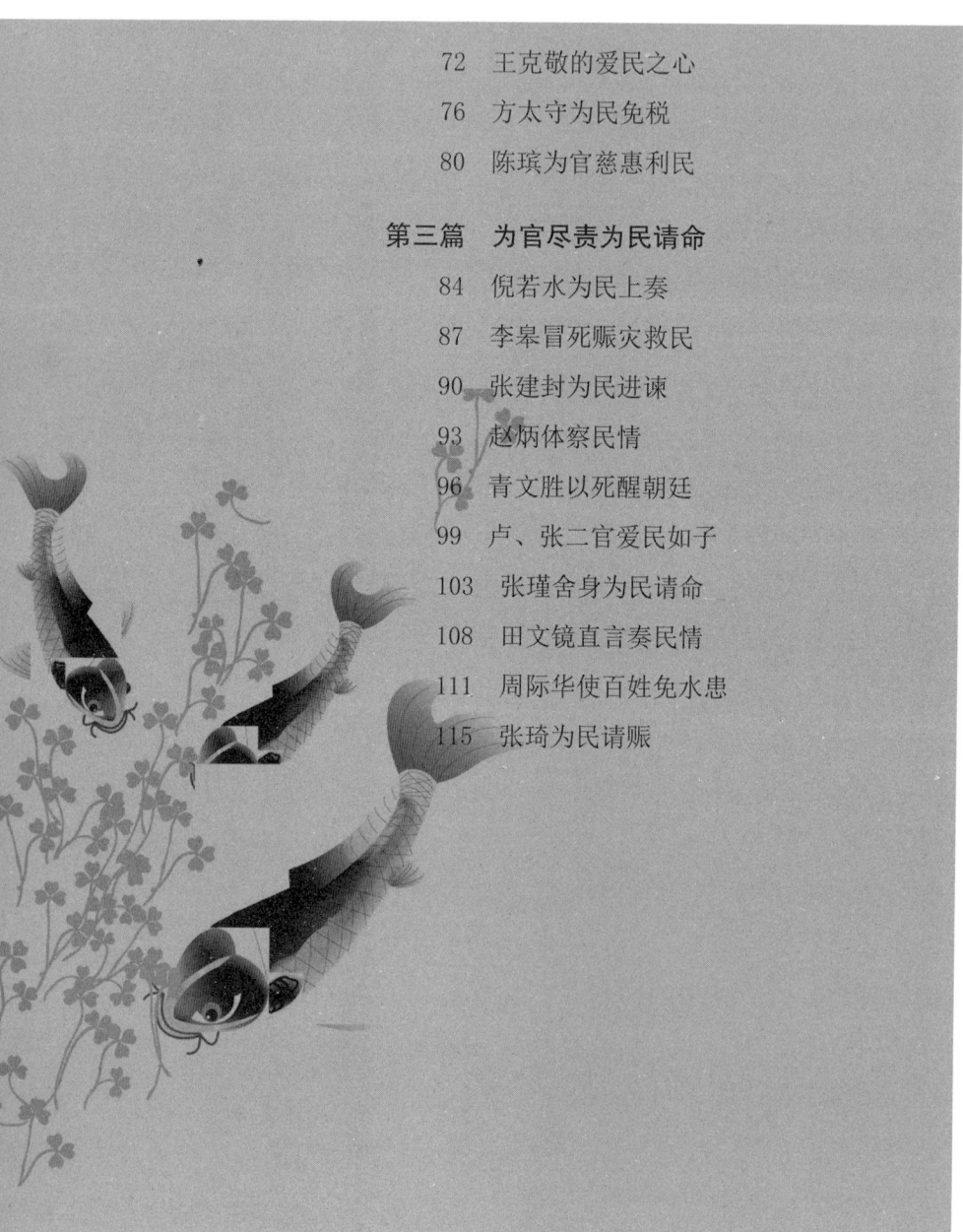

第一篇
心系百姓赈灾济民

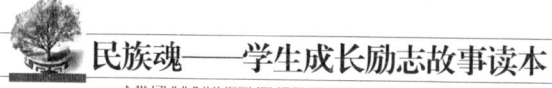
 # 苏琼体惜民生

苏琼(生卒年不详），字珍之，长乐武强人。初任刑狱参军，累迁清河太守。其郡多盗，苏琼至此后，民吏肃然。在郡六年，深受百姓爱戴。后迁升三公郎中，行徐州事，后为大理卿。北齐灭亡后，仕北周为博陵太守。隋开皇初卒。

东魏、北齐时期，吏治颇为腐败，官吏们都竞相聚敛，"赋敛日重，徭役日烦"，百姓几乎都要没有生路了。但是，在这贪浊的环境中，依然有一些清正廉洁的官员，他们虽不能改变朝政日颓的形势，但在自己所管辖的区域内尽力使百姓安居乐业，苏琼就是其中的一个典型代表。

苏琼历任州郡长官，所到之处，皆为百姓所称道。南清河郡（治莒城，今河北高唐以南）原来盗贼横行，苏琼任太守后，"民吏肃然，奸盗止息。或外境奸非，辄从界中行过者，无不捉送"。郡中百姓十分放心，家中牛、羊等牲畜放牧在外边，不再每天圈回家中，而是说："但付府君。"足见百姓对苏琼的信任，以及当地社会秩序的良好。

苏琼在任期间，尽力维护郡中百姓的利益。"道人道研为济州沙门统，资产巨富，在郡多出息，常得郡县为征"。对这类以放高利贷的方式盘剥百姓的富僧，苏琼从不利用官府的职权帮他们压迫百姓。所以道研每次求见，苏琼明知他的来意，却只与他谈论佛教经典，询问义理，使道研一直没机会开口谈及此事。他的弟子问他缘故，道研说："每见府君，径将我入青云间，何由得论地上事。"道研师徒被苏琼这种方式弄得无可奈何，回去后只好把那些借债的契约都烧了。

苏琼对朝廷规定征收的各项赋役都预先做好安排，"蚕月预下绵绢度样于部内，其兵赋次第并立明式，至于调役，事必先办，郡县长吏常无十杖稽失。"由于苏琼规定明确，"兵赋次第并立明式"，豪强无法与奸吏相勾结，就将赋役负担转嫁到平民百姓头上。加上苏琼明察秋毫，"人间善恶及长吏饮人一杯酒，无不即知"，官吏不致妄加征发，故而百姓不致被滥加摊派。而因计划周到，安排合理，赋役交纳、征收皆不拖延，故"州、郡无不遣人至境，访其政术"。

苏琼在郡中还十分重视文化教育事业，并逐步改变一些沿袭已久的奢华风俗。"每年春，总集大儒卫觊隆、田元凤等讲于郡学，朝吏文案之暇，悉令受书，时人指吏曹为学生屋。禁断淫祠，婚姻丧葬皆教令俭而中礼"。

苏琼的事迹中，最感人的是他在百姓受灾时的作为。北齐文宣帝高洋天保（550—559年）中，南清河郡遭到大水灾，"绝食者千余家，（苏）琼普集部中有粟家，自从贷粟以给付饥者"，以自己的名义向富户借贷粮食而赈济饥民。这种不顾自己前程，以救民为重的地方官，在当时确实是罕见的。不过，州里的做法却与此大相径庭，仍然要计户征收田租，还想审查苏琼擅自借贷粮食的事。僚佐对苏琼说："虽矜饥馁，恐罪累府君。"苏琼说："一身获罪，且活千室，何所怨乎？"于是上表陈述灾情及借贷经过，最终得到了朝廷的批准，"使检皆免，人户保安。此等相抚儿子，咸言府君生汝"。由此可见，受灾饥民对苏琼的感激之情。

苏琼在南清河郡任职六年，百姓都十分感念他的恩德，即便是有些纠纷，也都在郡里解决，没有一个人到州里去告他的状。后来，苏琼因为父母去世而解职，故人馈赠，他一无所受。

孝昭帝高演皇建（560—561年）中，苏琼担任徐州行台左丞、徐州行事。依照旧制，为防范南方的奸细，在淮河上要设置关卡，禁止商贩往来。不久后，淮南受灾，苏琼上疏请求允许到淮河以北贩粮，淮北遇

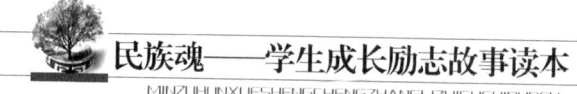

到灾荒，又上疏请求准许到淮河南岸购粮。"遂得商贾往还，彼此兼济，水陆之利，通于河北"。

■心灵物语

在主昏政乱的时期，苏琼不随波逐流，与时浮沉，而是爱惜百姓，尽力加以保护。尤其是百姓受灾时，挺身而出，为救民甘愿获罪，又开通淮禁，促进经济交流，确实可称为浊世中的清正爱民之官了。

■史海钩沉

苏琼悬瓜

南北朝时期，清河太守苏琼在任六年，为官清明，廉洁自守，从来不接受别人的馈赠。

有一次，郡中有一位告老还乡的尚书赵颖给苏琼送来了几个西瓜，并声称是自己园中产的，希望苏琼尝尝。苏琼推辞再三也推不掉，只好勉强收下西瓜。等苏琼把赵颖送出门外，回到房中后马上叫家人把西瓜装入竹篮，悬挂到屋梁之上。

郡里的人听说太守苏琼收下了赵颖送去的西瓜，也都纷纷携带礼品前来奉献。苏琼便叫家人从梁上摘下竹篮，拿给他们看。只见篮里的西瓜原封未动，有的已经腐烂，送礼者面面相觑，只得羞愧地离开了。

 # 隋文帝首开义仓济民

杨坚（541—604年），隋朝开国皇帝。汉族，弘农郡华阴（今陕西省华阴市）人。汉太尉杨震十四世孙。他在位期间成功地统一了百年严重分裂的中国，开创先进的选官制度，发展文化经济，使得中国成为"盛世之国"。文帝在位期间，疆域辽阔，人口达到700余万，是人类历史上农耕文明的巅峰时期。杨坚是西方人眼中最伟大的中国皇帝，被尊为"圣人可汗"。

中国是自然灾害较多的农业国家。水、旱、雹、虫等灾，无时无刻都困扰着在这片古老土地上耕耘的人们。个体小农无力承受自然灾害的打击，一遇灾年，饥民流离失所，饿死路旁。灾情严重还会造成许多社会问题，甚至引发社会动乱。因此，赈灾是件十分重要的事情，历代统治者对此都不敢掉以轻心。中国古代救灾的措施很多，隋文帝创设的义仓制就是行之有效的方法之一。

隋朝始建，虽然社会经济已呈恢复上升趋势，但天下州县频遭水旱，百姓时有乏食之虞。隋文帝开皇四年（584年）大旱，关中地区发生饥荒，隋文帝"运山东之粟，置常平之官，开发仓廪，普加赈赐。少食之人，莫不丰足"。事后，隋文帝认为要在灾年赈饥济民，必须制定一个长久的办法，设置仓库积谷备荒。第二年，他采纳了度支尚书长孙平的建议，设立义仓。史书记载："令诸州百姓及军人，劝课当社，共立义仓。收获之日，随其所得，劝课出粟及麦，于当社造仓窖贮之。即委社司、执帐检校，每年收积，勿使损败。若时或不熟，当社有饥馑者，即以此谷赈给。"

可见，义仓的设置是补官仓的不足，由民间劝募，在每年秋收后自愿捐赠所产粟麦，一般在一石以下，根据贫富差别而定。仓廒设在乡村基层，由民间自行管理。有了义仓，遇到灾荒，可马上开仓救急，避免了官府赈给不及时的弊病。设立不久，关中连年大旱，山东、河南大水，百姓饥馑。隋文帝便命大臣分赴各地，开仓赈饥。义仓在救灾中发挥了很好的效益。

■心灵物语

义仓的设置对后代有很大影响。隋朝以后的历代王朝，基本上都沿用此制，并不断发展完善。这一救灾安民制度的创立，当然首先要归功于隋文帝。

■史海钩沉

隋文帝复汉

北齐和北周时期，上层贵族曾一度热衷于鲜卑化与西胡化。

577年，北周灭掉北齐，统一了北方。由于北周武帝早逝，北周的汉化进程便一度搁浅。杨坚的先辈武川镇司马杨元寿由于辅助鲜卑有功而被赐胡姓普六茹。杨坚上台后，立即恢复了自己的汉姓，并推行汉化政策。杨坚对反对汉化的旧臣、豪强大吏、上层贵族等诛夷罪退，毫不手软。他还罢黜了一些没有真才实学的大臣，包括对自己夺取帝位有功的人，然后将一些真正有才能的人提拔上来，辅佐自己治理国家。

开皇七年（587年），隋灭掉了后梁。开皇九年（589年），隋又灭掉了陈，统一全国。从此，隋文帝杨坚结束了中国上百年来分裂的局面，也结束了中国三四百年的战乱时代。此后，他又采用长孙晟提议的"远交而近攻，离强而合弱"战略，主要运用和亲拉拢、分化突厥，使突厥耗于内战，从而各个击破。开皇十八年（598年），突厥发起内讧，突利可汗投奔隋朝，杨坚以突利为启民可汗，筑大利城居之。仁寿二年（602年），隋军大破突厥，夺回了河套等地区，将边界扩展到阴山以北等地域。

■文苑荟萃

《开皇律》

《开皇律》是隋文帝杨坚于开皇元年（581年）针对北周刑法繁杂苛酷的情况，命令高颎、郑泽、杨素、裴政等人在北魏、北周旧律的基础上改定的新律。

开皇三年（583年），杨坚又以"律尚严密，故人多陷罪，每年断狱，犹至万数"为由，特敕命苏威、牛弘等人本着删繁就简的原则，修改《新律》，从而完成了历史上著名的《开皇律》。

《开皇律》共计12篇、500条，篇目分别为名例、卫禁、职制、户婚、厩库、擅兴、贼盗、斗讼、诈伪、杂、捕亡、断狱。与《新律》相比，《开皇律》删去死罪81条，流罪154条，徒、杖罪1000余条。它的篇目与基本内容都是以北齐律为蓝本的，即"多采后齐之制"。

《开皇律》中，更定刑名为笞、杖、徒、流、死五刑，废除了前代的鞭刑及枭首、车裂等酷刑；又规定了"八议之制"，以维护贵族、官僚、地主的特权；将北齐律的"重罪十条"发展为"十恶"大罪，加强对危害封建统治秩序行为的镇压。

《开皇律》上承汉律的源流，下开唐律的先河，因此在中国历史上也占有重要地位。然而，制定《开皇律》就是为了维护封建统治的需要和地主阶级的利益，所以贵族官僚在法律上依然享有特权。

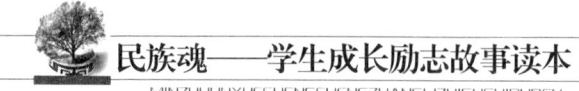

陈州官救赈邻郡

陈君宾（生卒年不详），陈朝郡阳王陈伯山之子，隋朝时曾任襄国太守。唐高祖武德初年率全郡归顺唐朝。贞观元年，任邓州刺史。

中国古代没有专门的救灾机构，一旦遭遇灾荒，主要靠地方官负责赈济灾民。州县官吏能做到尽职尽责，组织百姓度过荒年，已经很不容易了，如果还能救助他州之民，更是难能可贵。唐太宗时期就曾有过这样一位出色的地方官陈君宾。

邓州（今河南邓县）位于豫、鄂交通孔道，是防守荆、襄的门户。隋末战乱对这里破坏尤甚，当地人民饱受摧残。史书上描述邓州的情形时说："隋末乱离，毒被海内，率土百姓，零落殆尽，州里萧条，十不存一。"可见邓州遭受破坏多么严重。唐初统治者忙于全国统一战争，也未更多地顾及恢复生产。陈君宾上任后，首先发安民告示，招抚百姓返回家园，恢复生产。他到任才一个月，流散各地的百姓纷纷回到邓州复业。

由于治理有方，只一年时间邓州的农业生产就已恢复，粮食获得丰收，州境一派繁荣景象。第二年，全国各地普遍遭霜、涝灾害，关中六州及蒲、虞、陕、鼎等州又遭大旱，灾情尤其严重，而邓州却没受饥荒影响，百姓家家有粮食储备，足见陈君宾治农积储有方。这年因灾情较重，唐太宗下令灾区百姓可以到各地就食。远在五六百里外的蒲州（今山西永济西）、虞州（今山西运城西南）的饥民都涌到邓州求食。陈君宾带动全州官吏及百姓，以户为单位，每家根据自己的能力收养安置流民，使入境的灾民顺利度过了荒年。当灾民返回家园时，邓州的百姓仍有余粮，于是又把粮食换成布帛，送给灾民添置衣物。

唐太宗对邓州官民妥善赈济他州灾民非常满意，给每位官吏都记了功，凡是安养饥民的百姓免除一年的户调，同时还特意颁布一道诏书嘉奖他们。诏书中说："如此用意，嘉叹良深。一则知水旱无常，彼此递相拯赡，不虑凶年。二则知礼让兴行，轻财重义，四海士庶，皆为兄弟。变硗薄之风，敦仁慈之俗，政化如此，朕复何忧！上述评价并不过分。"

□心灵物语

邓州官民顾全大局，深明大义，行助人为乐之风，赈救邻郡灾民，理应得到赞誉。但这一切首先要归功于陈君宾稳定社会、发展生产的安民良策和率先垂范、以身作则的为官之道。

□史海钩沉

隋末农民起义

隋朝炀帝杨广统治时期，只顾玩乐，同时又连年大兴土木，还不断对外用兵，接连征伐不安分的高句丽。此外，隋炀帝还大规模地征调繁重的兵役和劳役，使整个社会经济遭到了严重的破坏，从而激发了贫苦人民的强烈不满，各地农民纷纷起兵反抗，形成了声势浩大的全国性农民反抗战争。

大业七年（611年），邹平（今山东邹平西北）人王薄在长白山（今邹平南）首先率众起义。此后的两三年间，起义席卷全国，起义军多达百余支，

人数更是达到百万以上。在同隋军的作战中，起义军也逐渐从分散走向联合，形成了三支强大的起义队伍：河南的瓦岗军、河北的窦建德军和江淮的杜伏威军。

大业十二年（616年）十月，瓦岗军在李密的领导下，攻占了荥阳（今郑州市），并在荥阳附近多次击败隋军，控制了河南的大部分郡县。大业十三年（617年）二月，瓦岗军进逼洛阳。大业十四年（618年）正月，瓦岗军又在洛水南大败隋军王世充部，围困洛阳。此时，窦建德率领的河北起义军也接连取得胜利，占领了河北的许多郡县。在江淮，杜伏威、辅公祏等也多次击败隋军，夺占高邮（今江苏高邮），进据历阳（今安徽和县），威胁江都。由此，隋朝的统治摇摇欲坠。许多地方官吏豪强见状，也趁机起兵反隋，纷纷割据一方，其中以太原留守李渊部较为强大。他乘虚进军关中，夺占长安（今西安）。大业十四年三月，隋右屯卫将军宇文化等发动兵变，在江都缢杀隋炀帝，隋朝灭亡，李渊在长安称帝，建立唐朝。此后，唐军又利用农民起义军内部的矛盾，对其进行各个击破，隋末农民起义也最终以失败告终。

□文苑荟萃

十八学士

唐玄宗开元时期，在上阳宫的食象亭，以张说、徐坚、贺知章、赵冬曦、冯朝隐、康子元、侯行果、韦述、敬会真、赵玄默、毋煚、吕向、咸廙业、李子钊、东方颢、陆去泰、余钦、孙季良为十八学士，命董萼画像，并记录了十八学士的姓名、表字、爵位、籍贯等。

 # 富弼赈灾有方

富弼（1004—1083年），字彦国，洛阳（今河南洛阳东）人。天圣八年（1030年），以茂才异等科及第，历任知县、签书河阳（孟州，今河南孟县南）节度判官厅公事、通判绛州（今山西新绛）、郓州（今山东东平），召为开封府推官、知谏院。

水旱、蝗螟、饥疫等灾害，历代皆不能免，上古即有救荒之政，用以减灾安民。史书记载，宋朝开国以后，其所以为治，"一本于仁厚，凡振贫恤患之意，视前代尤为切至。诸州岁歉，必发常平、惠民诸仓粟，或平价以粜，或贷以种食，或直以振给之"。因此，有宋一代，在中国救荒史上留下了不少值得重视的经验。其中，北宋仁宗年间，富弼创行的赈灾法便是一个典型事例。

富弼少年笃学，有豁达大度之风。为举子时，即为范仲淹所赏识，被称为"王佐才"。其文章被范仲淹推荐给曾任宰相的王曾和晏殊这两位名臣，并博得赞誉，后被晏殊择为女婿。仁宗时期，复行制科取士。富弼受范仲淹启发，于天圣八年（1030年）应制举试，以茂才异等中第，授将作监丞，任河南府长水县知县。其后，受李迪推荐，为签书河阳节度判官事。历任通判、开封府推官、知谏院、知制诰、纠察在京刑狱等职，于庆历三年（1043年）出任枢密副使。受宋仁宗之命，与范仲淹共

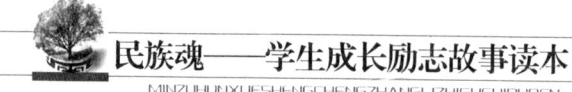

同措置"庆历新政"。曾条陈当世之务十余条，又献上河北安边十三策，大略是以进贤臣退不肖，止侥幸去宿弊为本，主张淘汰冗审，澄清吏治。在主持新政期间，富弼以社稷自任，被支持新政的人称作是不世出的贤臣。但是，由于当时官场因循成风，"庆历新政"仅行一年即告失败。富弼为避谗言蜚语，而求为地方官，也想就此为国家和百姓办一点实实在在的事。

最初，辅弼出为河北宣抚使，改知郓州。庆历（1041—1048年）末年，移知青州（今山东益都），兼京东路安抚使。在青州任上，适逢黄河决口于商胡地区，河朔地区洪水成灾，黄泛区百姓为避洪水，纷纷逃至京东路。如何安置、救济突然涌来的数十万难民，是对一向以济世安民为己任的富弼的一个严峻考验。按以往的惯例，不过是将灾民聚集于城廓之中，置几口大锅，煮些粥散发。那样做，对官府来说倒颇省事，而对灾民却很糟糕。灾民为领一碗粥，互相拥挤、践踏，常死于非命，不争抢者或排队数日也难得一勺粥，在可望而不可及的粥锅前也常有人饿死。再加上灾民集中在一起，极易流行瘟疫，幸免于饥者或死于病。名为救之，而实杀之。为改变以往救灾徒流于形式的弊端，富弼采取了几种切实可行的措施，以奏赈灾之实效。

首先是劝喻京东路所辖诸州百姓，捐献粮食，收得15万斛，又调拨官仓之粟，随流民所在处贮存，用以解决流民吃饭问题。

其次是动员所部"各因坊村，择寺庙及公私空舍，又因山崖为窟室，以处流离"。征得公私庐舍十余万区，"散处其人，以便薪水"，同时防止疾疫流行。

然后是调集前资官、待阙官、寄居官这些没有职事的人，临时给俸，命令他们到流民所聚之处，对流民进行统计，登记造册，籍其姓名、人口，发给契券，按时发放粮食、柴草，同时提供日常生活所需器物，使灾民免遭以往排队等候、拥挤践踏之罪。对参加救灾工作的官吏，与之相约，凡表现突出者，皆书其劳绩，由富弼代为奏请于朝廷，日后依次受赏。富弼每五日即派人慰劳救灾人员，众官吏见富弼"出于至诚"，因此"人人为尽力"。

富弼又下令，凡本路山林河泊之利，有可取以为生计者，听任流民采取，当地公私人等不得禁止，使灾民得自救之便。

第二年夏季，麦熟之后，对流民各因其道里远近，给以钱、粮，资助还乡。

由于富弼措置得法，京东一路"凡活五十余万人，募而为兵者又万余人"。宋仁宗闻听此事后，即遣使者前来犒劳，并给富弼加官为礼部侍郎。面对这样的殊荣，富弼只是淡淡地说一句话："救灾，守臣职也。"而对所加之官，则坚辞不受。

富弼任地方官的数年之间，以其突出的政绩，再次深获仁宗赏识，于至和二年（1055年）被任命为宰相。命出之日，"士大夫相庆于朝"。升任宰相之后，富弼"济世安民"的志向终于得以实现。他"以所在民力困弊，赋役不均，遣使分道相视裁减""宽恤民力""又弛茶禁，以通商贾、省刑狱"。而他先前的那些救灾经验，也因"立法简便周至"，被"天下传以为法"。

■心灵物语

富弼的赈灾经验，为以后历朝的救灾提供了一个榜样，也足为那些畏流民如畏虎、视流民为寇仇的地方官引以为戒。

■史海钩沉

富弼拒赏

富弼任职期间，克己奉公，为官清正，颇有名声。《宋稗类钞品行》中有记载说，富弼在出任枢密使时，宋英宗赵曙刚刚即位。英宗上台后，便

将其父仁宗皇帝的遗留器物都拿来赏赐给朝廷重臣。众臣叩谢领赏之后，都一起告退。而英宗却单独留下富弼，又额外赏赐他几件器物。富弼先是叩头谢恩，然后坚决推辞这份额外的赏赐。英宗有些不高兴，便轻描淡写地说："这些东西又不值什么钱，你何必这样推辞呢！"富弼恳切地回答："东西虽然很微薄，但关键是额外所赐。大臣接受额外的赏赐而不谢绝，万一将来皇上做出什么例外的事来，凭什么劝谏呢？"最终，富弼还是推辞了英宗的这份额外赏赐。

■文苑荟萃

弼承索近诗复贶佳句辄次元韵奉和诗以语志不

（宋）富 弼

出入高车耀缙绅，从来天幸喜逢辰。
道孤常恐难逃悔，性拙徒能不失真。
风雨坐生无妄疾，林泉归作自由身。
岁寒未必输松柏，已见人间七十春。

 # 毕仲游为世人钦佩

> 　　毕仲游（生卒年不详），字公叔，郑州管城（今河南郑州）人。毕士安曾孙。初以父荫补为太庙斋郎，后与兄毕仲衍同举进士。历霍丘、柘城主簿，知罗山、长水县。哲宗元祐初，除军器监丞，改卫尉寺丞。

　　在我国古代历史上，救荒减灾历来为政治家们所重视，因此，历代积累了不少救荒的经验。北宋后期，毕仲游的"虚张平粜"就是其中之一。

　　毕仲游初以父荫补为太庙斋郎，但他并不满足于靠前辈余荫做官，决心以学业自致功名，后终于登进士第。神宗时期，历任县主簿、县令、转运司干办公事等职。哲宗元祐（1086—1094年）初，除军器监丞，改卫尉寺丞。以学士院考试合格，除集贤校理，权太常博士。后出为河北西路提点刑狱公事，又历数职，改秘阁校理，知耀州（今陕西耀县）。

　　在知耀州任上，适逢大旱，遍野寸草不生。毕仲游以为，以往"郡县拯济多后时，力愈劳而民不救"。因此，他在百姓未遭饥馑之先，即着手做救灾的准备。他于州县境内四处张榜，晓示民众：州府将要大行赈施，并且将平价粜粮若千万石，故意大张其数额，用以劝喻百姓不要流移出境，当地百姓看了，皆欢然放心。不久，果然逐渐艰食。毕仲游乃出官粟以赈饥民，同时辅以平价粜粮。富室知官府有备，也相

劝出粟助赈。结果所废官粟不足万石，继之以民粟，因而使耀州17.9万多乏食之人免遭饥饿、流移之苦，无一人外出逃荒。而邻州之民，则至流散殆尽。

当时，统管耀州的监司（转运司）不相信耀州逢大旱竟无一人流亡，乃故意于长安（今陕西西安）搜捕耀州人，抓到二人，即指为流民，遣送耀州。毕仲游亲自验问，此二人都是中富之民，是外出经商者而非流民，令监司再也无话可说。事后，又有一个因过犯被遣逐的州吏，跑到京城开封，告毕仲游救灾"倾困倒廪，军无见粮"，朝廷遣使者前往耀州按视。毕仲游上言自劾，请求赦属官，独领其责。后朝廷查明纯属诬告，不再追究，毕仲游治声由是愈显。

毕仲游"虚张平粜"，是他一生中的重要政绩之一。宣和三年（1121年）毕仲游逝世，陈恬铭其墓述及此事说："先饥哺饲，忽如丰年，邻境尽逃，我无一奔"。至清康熙朝，官撰《渊鉴类函》一书时，仍将"虚张平粜"归入赈恤类，视为治世龟鉴。

■心灵物语

毕仲游一生为民，为人民无私奉献，积善成德，让世人甘为钦佩，虽多次有人想寻其短，但终被事实所证明其名符其实为一贤官，被视为治世龟鉴。

■史海钩沉

"天下一人"

宋徽宗在未即位前，做了12年的太平天子，至少在他眼中天下是太平的。事实上，天下原本不应该是他的，由于他的皇兄哲宗病逝时没有子嗣，徽宗才得以继承皇位。少年天子执政之初，还是颇有作为的，"朝廷应救济孤儿、老人、寡妇"，这是年轻的皇帝常说的话。在徽宗即位的最初四年里，他相继诏令设置或改善了"安济坊""居养院""慈幼局""漏泽园"等慈善和医疗机构。他还十分重视民间的医药卫生，并亲自撰写或主编医书，还曾多次诏命或派遣官员"访民疾苦"。可以说，宋徽宗在客观上还是很关心百姓疾苦的，而且也有相当的实际效果。

宋徽宗生于深宫之中，自幼长于妇人之手，虽然生性柔弱轻佻，但也不失赤子之心。从幼年时起，他就在绘画和书法上显示出了卓越的才华。《北狩行录》中记载，徽宗"天资好学，经传无不究览，尤精于班史，下笔洒洒，有西汉之风"。《画鉴》中也有记载："徽宗性嗜画，做花鸟、山石、人物，入妙品，做墨花、墨石，间有入神品者。历代帝王画者，至徽宗可谓尽意。"他的签名花押是"天下一人"，透露出了年轻帝王的踌躇满志与壮志豪情。

□文苑荟萃

《西台集》

《西台集》是由宋代的毕仲游所著，也是一部极有文学价值的作品。在这部作品中，毕仲游的文学才华得到了尽致的展示。其行文议论有据，切情合理，笔锋舒畅，挥洒自如，游刃有余。《宋史》称："仲游为文切于事理而有根柢，不为浮夸诡诞戏弄不庄之语。"苏轼对这部作品的评价略有保留，但也称毕仲游"学贯经史，才通世论，文章精丽，论议有余"。《四库全书提要》则赞许其说："今观其著作，大都雄伟博辩，有余万万斛之致，于轼文轨辙最近。"

洪皓甘冒法禁解民困

洪皓（1088—1155年），字光弼，饶州（今江西鄱阳县）人，徽宗政和五年（1115年）进士。历台州宁海主簿，秀州录事参军。宋代词人。

自汉朝汲黯矫制开仓赈济灾民以来，历代常有效仿者。北宋末年，洪皓截留纲运之粮赈灾，即是其中的一个典型。

洪皓年少时即气节慷慨，有经略四方的志向。政和五年（1115年），登进士第，授台州宁海县（今浙江宁海县）主簿。

在县主簿任上，适逢县令去任，由洪皓摄县令事。以往当地百姓甚苦赋税不均，洪皓乃令重新核定税额，规定凡家产物力100缗赋绢一匹。有一大姓王隆，过去添买了许多田亩，却不承担应纳赋税，其家旧日税额仅50匹。而贫弱之民，则常是产去税存。重新定税后，类似王隆的大户税额增3倍有余，4800多贫弱户的赋税得到蠲免。往日一县之宿弊，因而得以廓清。

其后，洪皓以功迁为宣教郎，调任秀州（今浙江嘉兴县）司录事。宣和六年（1124年）秋季，浙江地区大水成灾，田土十有八九皆遭水淹，流亡之民冗塞道路，而公家仓储空虚，秀州郡守对赈救灾民也束手无策。这时，洪皓主动向郡守请命，专门承担救灾的任务。正在犯愁的郡守，立刻应允了他的请求。于是，洪皓对秀州境内所存之粮悉行登记，留出一定数额，将其余的粮食运至城四周出卖，并且比市价降价五钱。同时，告诫米店不得囤积不售，每店发给一个青白旗作为售粮的标志。洪皓亲自巡行，随时检查，发现帜旗不售、降旗停售者，即行责罚。无钱购粮者，皆官给其食。利用城内废寺的空房安置流民，每室10人，男女异处，皆于手背涅一黑点，以防敝伪。又借用所掌发运名钱，赈济贫困。

入冬以后，用于赈灾的钱粮行将用尽，正在这时，有浙东纲运常平米四万斛，途经秀州城。洪皓听说后，立即派遣吏人封锁运河津栅，并向郡守建议截留纲运之米赈救灾民。郡守嗫而不肯，并说："此纲米乃'御笔所起'，如擅行截留，必至'罪死不赦'。"洪皓对郡守说："民仰哺当至麦，今腊犹未尽，中道而止，则如勿救，宁以一身易十万人命。"甘愿一人独当截留纲米的罪责，遂以纲米赈济灾民。

不久之后，廉访使王孝竭到秀州察访，问郡守："平江哀号诉饥者旁午，此独无有，何也？"郡守汇报了洪皓主持救灾的情况，王孝竭随即延请洪皓，同至废寺验视流民。王孝竭看了以后说："吾尝行边，军政不过是也。违制抵罪，得为君脱之。"立即叫吏人草撰奏章，为洪皓开脱，并对洪皓施以厚赏。洪皓说："我能免罪就算万幸了，哪敢受赏。只是救灾之粮尚缺二万石，恳请廉访使代向朝廷请求。"王孝竭遂以此意上奏，朝廷如其所请增拨米二万石。

至次麦收，流民始相携归乡，前后存活饥民达9.5万多人。洪皓也因此深得民心，被当地人誉称为"洪佛子"。

其后，秀州军卒叛乱，纵掠郡中民户，无一幸免，唯独过洪皓家门，都说："此洪佛子家也。"不敢犯。

■心灵物语

洪皓甘冒法禁，打破常规以解民困，在历史上给人们留下了深刻的印象。他那舍己救民的精神，也为后世救荒者所发扬。

■史海钩沉

顺昌之役

顺昌即今天的安徽阜阳。顺昌之战是南宋初年抗金过程中的重要战役之一，由著名抗金将领刘锜指挥，是历史上一次著名的以少胜多的城邑防御战争。

顺昌战役分为两个阶段：第一阶段从1140年5月25日至6月1日，历时6天，经过三次战斗，击溃金军的前锋部队；第二阶段从6月7日至6月12日，历时6天，刘锜率全城军民与金兀术亲自率领的金军主力决战，取得了顺昌保卫战的最后胜利。

■文苑荟萃

《松漠纪闻》

《松漠纪闻》是一部出使金国的见闻杂记，共三卷，由宋代的洪皓编撰。建炎三年（1129年），洪皓以徽猷阁待制、假礼部尚书为大金通问使。金人迫使他入仕齐国刘豫，洪皓不从，因此被流放到了冷山。在金代，冷山属于上京会宁府，唐隶松漠都督府，洪皓便以此名书。

后来，洪皓又迁徙到燕京（今北京），前后留金15年。归宋后，由于被秦桧陷害，又被贬官到英州（今广东英德），后来又到袁州（今江西宜春），行至南雄州（今广东南雄）时病死。

《松漠纪闻》一书为洪皓留金时所记的见闻杂事。归宋后，他曾焚毁书稿。被谴谪后，他又追忆成书。由于当时禁写私史，因此书稿也是秘不得传。绍兴末，其长子洪适校订为正、续两卷。乾道中，仲子洪遵又增补所遗十一事，合为三卷。

这虽然是一部追记，但因作者久留金地，因此均为亲自见闻。书中有关金国的政治及女真风土民情等，都是研究金史的重要资料。

 # 程思廉顾及百姓生存

程思廉（生卒年不详），元朝，字介甫。原本洛阳人，北魏时作为豪族迁往云中郡（今内蒙古和林格尔县西北土城子），在东胜州（今内蒙古托克托县）安家落户。程思廉由于太宝刘秉忠举荐，给事裕宗，以谨慎诚实著称。

程思廉的伯父程震曾为金朝的偃师主簿、监察御史，死后葬在河南偃师市的缑氏镇程村。他的父亲程恒在元朝初期曾任缑氏酒务、沿边监榷规运使、解州盐使等官职。程思廉足智多谋，当时的太保刘秉忠非常赏识他，推荐他在太子府任职。由于他办事干练，为人忠实可靠，后又被任命为枢密院监印，不久又在河南行省官署里任都事。

当时，元朝的军队正在进攻湖北襄樊，程思廉负责转运粮饷，并筑城堡，设仓库储藏军粮。由于军粮转米太多，一时难以入库，只能暂时露天堆放。一天夜里，天下大雨，军粮被淋，而程思廉却安卧不起。上司追问起来，程思廉说："这里离敌营很近，如果半夜骚动，敌人就有可能趁机进攻。虽然军粮淋湿，漂走一些，但只不过失去军中一天用的粮食罢了，有什么要紧的呢？"听到这番议论的人，没有不对程思廉心悦诚服的。

元世祖至元十二年（1275年），程思廉被任为监察御史，但不久后

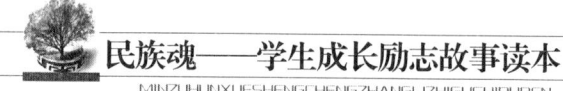

因弹劾权臣阿合马而被下狱。出狱后，他迁任河北、河南道按察副使。有一次，程思廉在出巡时路经彰德（今安阳市），听说河北、河南正在闹饥荒，而官府还在催赋征税。程思廉要求停止，主管官员却说改变法度应请示朝廷。程思廉说："如果等请示朝廷后再停征，老百姓早就不堪活命了"。因此，毅然下令停征。事后奏明皇上，果然得到了批准。

至元二十年（1283年），河北又闹灾荒，数万灾民都逃到河南求生路，朝廷调集官军，阻止灾民渡河。程思廉体恤民困，坚决反对，认为"老百姓急于渡河求生，实属不得已而为之。天下一家，河北、河南都是我们的黎民"，随即下令允许灾民随意渡河，并对大家说："即使朝廷治我死罪，我也不会遗憾。"事后上奏，也获得了朝廷的批准。

至元二十六年（1289年），程思廉任云南行省御史台御史中丞。刚刚到任，当地各民族的酋长都来祝贺。虽然这些人言辞谦逊，但态度却很傲慢。程思廉宣告了皇帝关怀边远各族人民的心意，并晓以大义，说明利害，恩威并施，酋长们无不慑服。云南原来也有学校，但礼教却很不普及，后来经程思廉的大力提倡，从学问礼的人也就越来越多了。

元成宗即位后，程思廉被调任河东山西廉访使。当时，太原每年都要为皇族饲养骆驼、军马等1.4万余匹，人民的负担很重。经程思廉请示朝廷，减为千匹。以前，平阴等郡每年都要将粮赋运到北方，路途遥远，运输困难，民不堪命。程思廉又请示朝廷，就近建库入仓，减轻了人民的往返路途之苦，百姓们对此都感激万分。

程思廉多次在御史台任职，上书言事符合实际，无不切中要害。如请求早立太子、招揽良才、辨车服、议封谥、养军力、定律令等，这些都是元朝刚刚建立时应办的急务。程思廉与人交往也是有始有终。同僚之间有疾有丧，他都扶危济贫，慰问遗属，即使往返数百里，也不辞辛劳。他还经常推荐人才，有人说他"好名"，他说："若为避'好名'的讥讽，人们就都不敢做好事了。"

■心灵物语

　　程思廉思大义、明大体，永远将百姓或官兵的生存安危摆在第一位，这种重人轻物的做法显得十分人性。水能载舟亦能覆舟，只有把百姓存亡放在第一位，才能让社会和谐安稳。

■史海钩沉

北魏前期的政治

　　天赐六年（409年），北魏道武帝拓跋珪死，其子拓跋嗣（明元帝）继位。泰常八年（423年），明元帝死，其子拓跋焘（即魏太武帝拓跋焘）继位，并先后灭掉了夏和北燕，于延和元年（439年）灭北凉，完成了黄河流域的统一，结束了北方十六国100多年来分裂割据的局面，北朝的统治从此开始。

　　太平真君十年（449年），太武帝又亲率大军击败北方的柔然，使其北徙，消除了长期以来对北魏的严重威胁。接着，太武帝又挥师南下，兵锋直抵瓜步（今江苏六合东南）。此时，北魏的疆域已经北至大漠，西至今新疆东部，东北至辽河，南至江淮，十分广阔。

　　北魏建国后，生产力也逐步得到发展。但在统治方式上，北魏前期仍保留着浓厚的奴隶制残余，尤其是在统一北方前，继续将战争中掳掠的人口设为奴婢，并将这些奴婢赏赐给诸王贵族和有战功的人，让他们从事农业和手工业生产劳动。

　　太武帝统治时期，大将公孙轨到上党（今山西长治北），去时单马执鞭，回来则从车百辆。拓跋统治者推行民族歧视政策。在战争中，被驱迫当兵的各族人民在前冲锋，鲜卑骑兵在后驱逼。十二年，太武帝围攻盱眙（今江苏盱眙东北）时，写信给刘宋守将臧质说，攻城的都不是我鲜卑人，你杀了他们，免得他们将来造反。

　　北魏为镇压其他民族的反抗，在氐、羌、卢水胡等族聚居的地区设置

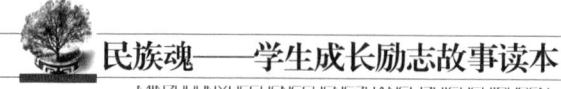

军镇，严厉统治。因此，北魏前期的统治也引起了各族人民连绵不断的反抗斗争。其中规模最大的，是发生在太平真君六年九月杂居在今陕西、山西等地的汉、氐、羌、屠等各族人民，在卢水胡人盖吴的领导下，在杏城（今陕西黄陵西南）爆发的起义。起义军很快发展到10多万人。一年后，起义军虽然被太武帝亲自率军镇压而失败，但各族人民的共同斗争依然促进了民族的融合。

文苑荟萃

北魏时期的文化成就

北魏时期，科学文化方面取得了一定的成就。北魏末年，贾思勰所著的《齐民要术》是中国现存最古、最完整的农书，其中包括农艺、园艺、林木、畜牧、养鱼和农产品加工等许多方面的内容。

在文学方面，北朝时期的民歌充分体现了北方民族大融合的特征。《敕勒歌》《折杨柳歌》《木兰诗》等，就是当时民歌的代表作。另外，《洛阳伽蓝记》既是一部地理名著，又是一部文学作品。从文学角度看，《水经注》也不愧为一部文字优美的游记。

北魏的雕塑艺术集中体现在当时的石窟寺中。它继承了秦汉以来中国的艺术传统，也受到国外，尤其是古印度艺术的影响。在这些石窟寺中，有古代艺术工匠所塑造出来的数以万计的佛像，代表了当时中国雕塑艺术的最高水平，至今仍属于驰名中外的艺术宝库。

 # 姚广孝放粮济民

> 姚广孝(1335—1418年),苏州长洲县(今江苏苏州)人。元末明初政治家、高僧,法名道衍,字斯道,自号逃虚子。通儒、道、佛诸家之学,善诗文。出自显赫的吴兴姚氏。

明永乐二年(1404年)五月,浓墨般的乌云伴着滚滚的雷声遮盖了江南水乡,随后便是瓢泼大雨从天空倾泻下来,转眼之间,水天浑然一色,一切都被笼罩在大雨之中。

雨不停地下着,乌云仿佛被定在了空中,无情地向大地发泄。躲在村舍中的人们骇然无措,他们纷纷跑出家门,来到田间,望着一片汪洋,望着黑沉沉的天空,不由得感到一阵恐惧——一场灾难来临了。

明朝嘉靖年间修的《吴江县志》中,把这场水灾记录到了《灾异》类中:"永乐二年五月大雨,田禾尽没。邑中农民忍饥车救。腹着车木行,足踏车轴,眼望天哭。儿女辈呼父母索食,绕车而哭。男妇壮者,相率以糠杂菱、芡、藻、荇食之。老幼入城行乞,不能得,多投于河。"

这场大水灾波及苏、松、嘉、湖、杭五府,这五府正是江南最富庶的产粮区。

六月,朝廷得到地方官府的灾情报告,明成祖立即决定对灾区开仓赈济。在下诏赈灾的同时,他考虑选派一名得力的官员前往灾区主持赈

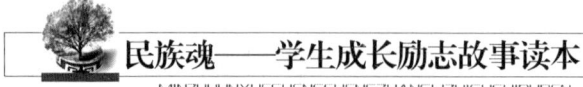

济之事，而他几乎毫不犹豫地选定了新任的太子少师姚广孝。

姚广孝于洪武十五年（1382年）以高僧被召，随燕王朱棣赴北平（今北京），从此成为燕王朱棣的亲信谋士，帮助燕王发动"靖难"之役，夺位登极，名列"靖难"第一功臣。但因他的出家人身份，初未还俗，只任僧录司左善世，掌管佛教事务。直到永乐二年四月，明成祖朱棣特下诏谕，赐他为太子少师，为其复姚姓，赐名广孝。从此，他才由道衍和尚一变成为太子少师姚广孝。

正当姚广孝被勒赐高官、名列三孤之时，他的家乡一带却发生了一场罕见的水灾。

得到成祖的诏令，姚广孝立即动身，回到了阔别20余年的故乡。一个当年托钵的游僧，如今却是衣锦还乡的钦差大臣。但是，昨天他"威声赫赫，车徒甚盛"奉旨离京，今日看到的却是故乡水灾的惨景。望着那些垂死挣扎的灾民和到处可见的弃尸，他震惊了。这次回乡对姚广孝来说，绝不仅仅是荣耀，更重要的是肩负的责任。

从苏州到松江（今属上海），从杭州到嘉兴，姚广孝奔走于各府县之间。他要督促各地官府开仓发米，赈济灾民，帮助他们度灾，还要同地方官员核计蠲免赋税。对于如实报灾，认真赈济的地方官员，姚广孝给予表彰支持；对于以淹报稔，一味催办租赋的地方官员，姚广孝查实后均予责罚。

这位70岁高龄的老人，不顾大雨过后夏日的炎热蒸晒，把自己的全部身心都投入这场救灾工作之中。在姚广孝的主持下，各府县开仓放粮，并且免去了当地田赋60万石，灾民们得以少缴。

救灾工作之暇，姚广孝喜欢穿上一袭旧袈裟，去访寻乡里故旧亲友，并把成祖赏赐的金帛分赠给他们。他那在贫困中度过一生的父母均已亡故，因为家贫没有墓地，连遗骨和坟墓都不曾留下，姚广孝想祭扫一下也已不可能，他只好请人制作了父母的灵位，放进了少年时出家为僧的妙智庵中。

姚广孝徒步找到故友王宾家中，两位老朋友见面，都有说不完的

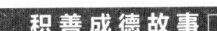

话。王宾为此专门撰写了《赈灾记》，颂扬了姚广孝为民放粮的功德。

这位身居高位的功臣，在家乡父老面前，依然是往日的僧人。他下令将数以万石的粮食分赈乡民，自己却经常只是吃些身边带的干粮。

有一天，姚广孝独自外出，路过寒山寺，走得倦饿，便坐在寺外的亭子里吃起干粮来。谁知正遇上一个姓曹的县丞经过这里，看见一个老和尚坐在亭子里吃饭，见到车轿也不回避，不由得大怒，让左右衙役将姚广孝拿下，抽打了20皮鞭，关到县狱之中。姚广孝任其摆布，也不分辩。

第二天，人们发现姚少师一夜未归，急忙四处寻找，才在县狱中寻到他。这一来可把那姓曹的县丞和地方官员吓坏了，纷纷前来请罪。姚广孝没有说话，提笔在纸上写了几句，交给官员们，大家打开一看，原来是一首诗：

敕使南来坐画船，

袈裟犹带御炉烟；

无端撞上曹三尹，

二十皮鞭了宿缘。

众人这才知道姚广孝并未将此事放在心上，不由得转忧为喜。姚广孝这时才严厉批评那曹县丞道："野僧路边吃饭，碍汝何事？书生为官，不可张狂欺人！"

尽管后来有人出于对他帮助明成祖夺位不满，造谣诬蔑他，但是苏州人还是为他建造了祠堂，树碑立传，作为永久的纪念。

■ 心灵物语

苏州的人民忘不掉姚广孝的功德。一个人的好坏，不会因为帮助了明成祖夺得帝位而被贬低，善良的人会永远被人称颂的。

周忱抚安军民

> 周忱（1381—1453年），明前期大臣，以善理财知名。字恂如，江西吉水人，永乐二年（1404年）进士，补翰林院庶吉士。翌年进学文渊阁，寻擢刑部主事，进员外郎。洪熙元年（1425年）迁越府长史。宣德五年（1430年）授工部右侍郎，奉命巡抚江南，总督税粮。正统五年（1440年），进工部左侍郎。六年命兼理湖州、嘉兴二府税粮。十四年迁户部尚书，后改工部。景泰二年（1451年）致仕。四年十月卒于家。著有《双崖集》等传世。

　　明朝历史上，曾有过一段为人称颂的"仁宣之治"，指的是明仁宗、明宣宗父子统治时期的一段安定发展的盛世。其实，明仁宗在位不到一年，明宣宗也并非雄才大略之君，"仁宣之治"的实现，主要还是善用"才力重臣"，施行安民政策的结果。周忱巡抚江南便是其中著名事例之一。

　　明宣德五年（1430年）九月，为国家财政不理而焦虑的明宣宗决定任用一批"才力重臣"巡抚各地。

　　对于明朝的财政来说，主要收入仰仗江南，而此时财赋不理，又尤以江南为甚，仅苏州一府，拖欠的税粮就多达800万石。如此重要的地区，究竟派谁去合适呢？经过内阁大学士杨荣推荐，选定了越王府长史周忱。于是，周忱便以工部右侍郎的身份出任江南巡抚，总督税粮。

　　永乐二年（1404年），23岁的周忱考中进士，得选庶吉士，进学于文渊阁。当时被选进学者共28人，称"二十八宿"。此后周忱又被升任刑部员外郎等职，但谁想到从此却浮沉郎署20多年。虽有经世之才，难有用武之地，直到这次委以重任，方才终于有了展露之机。

当时的江南一带情况十分特殊，虽素称富庶之乡，却又是赋税最重之地，这种情况有其历史原因。《明史》记："初，太祖定天下官、民田赋，……唯苏、松、嘉、湖，怒其为张士诚守，乃籍诸豪族及富民田以为官田，按私租簿为税额。而司农卿杨宪又以浙西地膏腴，增其赋，亩税有二三石者。大抵苏最重，松、嘉、湖次之，常、杭又次之。"

这样一来，田地再好，也不堪征敛，民力困乏，税收拖欠，结果是官民两扰。

周忱来到江南，第一件事就是去了解百姓的疾苦。他"尝去趋从入田野间，与村夫野老相语，问疾苦。每坐一处，使聚商言之，唯恐其不得尽也"。老百姓无论如何也想不到这位深入到他们中间的人就是巡抚大人，自然是有话便说。这样，周忱从百姓口中了解到许多真情实况。

一天晚上，周忱微服私访，经过五保村时，见树下有个人坐着乘凉。周忱上前同他搭讪，知道那人名叫王槐云，是个农夫。两人谈起农家田间之事，很是投机。直到属员们找到这里，王槐云方知面前的竟是巡抚大人，连忙跪下叩头谢罪。周忱笑着扶他起来，又谈了些话才离去。

周忱是个办事仔细的人，他身边常有一个记事簿，大事小事，无一遗漏地记录下来，连每天天气如何也都记录在册。别人起初都不知这有什么用处。后来有一次，有人报告说运粮船因大风翻沉。周忱翻开记录簿，那天根本没有风，骗局一下子就被戳穿了。

周忱巡抚江南，最主要的任务是为国家理财，但他不为多收而横征暴敛，而是以宽抒民力去解脱困境。所以《明史》上说："当时言理财者，无出忱右，其以爱民为本。"要治民首先要爱民，要安民又必须首先了解民之不安的原因。周忱在调查研究的基础上，有针对性地采取了一些新措施。

首先要解决的便是赋税不均的问题。周忱从乡间父老那里得知，之

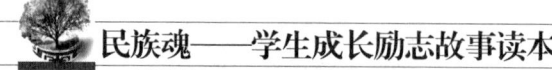

所以拖欠那么多税粮，主要是富户不肯交纳赋税之外的加耗部分。这部分加征就只好摊派到一般农户头上，结果"民贫逃亡，而税额益缺"。周忱针对这种情况，创立了"平米法"，让人户按照赋税平均出耗。又请工部颁发铁斛，让各县依式制造，革除了各地粮长大斛入小斛出的弊病。以往各粮区设粮长正副三人，每年七月赴南京户部办理公文，然后再送北京户部，往返费用均由民户分担。周忱下令各粮区只设一人，轮流赴南京，然后交由有关部门上送北京，减轻了民户们的负担。

赋税不均的问题解决后，周忱又着手解决赋税过重的问题。此时，明宣宗一再下诏减官田租税，周忱便与苏州知府况钟商议，把调查的情况汇集起来，计算了一个月，将苏州府官田租减去72万石，其他各府也都依此减少，"民始少苏"。

宣德七年（1432年），江南一带大获丰收，宣宗下诏命江南诸府州县以官钞平籴，以备灾年赈贷，结果仅苏州一府便籴米29万石。当时规定，凡苏、松等地转输南京户部的税粮，每石加收运费六斗，周忱下令由各府支给，每石加船价一斗，其余五斗由府县集中，共得40多万石，加上原来平籴的29万石，共得米70余万石，遂建仓收贮，名曰"济农仓"。明朝人对周忱所建"济农仓"给予了极高的评价："尝言文襄公（周忱）为侍郎巡抚十九年，为尚书巡抚又二年，百姓不知有凶荒，朝廷不知有缺乏。或问其故，曰：当时济农仓米常数十万，一遇水旱，便奏闻免粮，奏上无不准。"所免之数，即以济农仓米补完，所以民不知有凶荒，朝廷不知有周忱所采取的这些措施，大都来自民情之中。明朝史学家黄景防曾记述说："周文襄每有兴革，必与官吏士民反复议始行。如细布一法，召东门黄婆入行台计之，往往留语至夜分。"农事找农夫计议，纺绩之事找纺婆计议，这就是周忱的做法行之有效的原因。

周忱的前任巡抚胡概是一位用法严峻的官吏，对那些素为民害者，一律籍没家产，徙置远方，使小民怨气可伸。周忱却以宽厚为主。有人问他："大人为何不学胡卿，使我下情不能上达？"周忱答道："胡卿敕书，令其祛除民害，我敕书只令抚安军民，朝廷委任不同。"

■心灵物语

在周忱的心目中有一个基本原则，那便是抚安军民。周忱在任20多年间，以抚安军民为己任，兢兢业业，才终于有所成就，被后人称为"一代名臣"。

■史海钩沉

周忱轶事

周忱任职期间，人们认为管理钱财的官员没有能抵得上周忱的才能。钱财谷物数量巨大，周忱屈指一算全无遗漏。

有一次，一个奸诈的人故意搞乱了自己过去的案子，想来试一试周忱的本事。周忱说："你在某个时候来找我判决，我已经替你判决料理，你还敢来欺骗我吗？"这个人无言以对。

还有一次，皇帝下令催促周忱制造几百万副盔甲。周忱算明盔甲镀铁用工太多，便命手下改用浇锡的办法，结果几天就完成了制造盔甲的任务。

■文苑荟萃

自诩诗

（明）周　忱

日宴忘餐夜半兴，簿出烦恼为无能。

秉心初拟逢衡鉴，任憨宁知越准绳。

法在恤民民反病，事因除弊弊愈增。

前非未悟羞簐瑗，敢叹微躯践薄冰。

 # 李赓芸赈灾安民

> 李赓芸（1754—1817年），字生甫，又字许斋，江南嘉定（今属上海市郊县）人，系著名学者钱大昕入门弟子。通六书，乾隆五十五年庚戌（1790年）二甲第二名进士出身。官浙江孝丰等县知县，所至有惠政。嘉庆二十年（1815年）擢福建按察使，逾年实授。生甫操守清廉，坐事被诬，虑为狱吏所辱，遂自尽。"方治狱使者至闽，士民上书为赓芸讼冤，感泣祭奠，踵接于门，为建遗爱祠。"《清史稿》卷478《循吏》（三）有传。著有《稻香吟馆诗稿》七卷传世。

乾隆五十五年（1790年），浙江平湖县来了一位新上任的知县。他的名字叫李赓芸，江苏嘉定人。他到任的第一件事就是前往拜谒康熙时著名清官陆陇其的祠堂。因为陆陇其是平湖人，曾任嘉定知县，颇有惠政。李赓芸以自己是嘉定人而任职平湖，决心"奉陇其为法"，做到清政爱民。果然，他在浙江的十几年中一直把百姓疾苦放在心头，尽心抚助，特别是在大灾之年极力赈济灾民，使"穷黎存活"，因而受到了百姓的爱戴。

李赓芸从小受学于同乡著名学者钱大昕。乾隆五十五年中进士后即授为知县，任官浙江。嘉庆三年（1798年），朝廷中有人向皇帝推荐他，嘉庆帝询问浙江巡抚阮元。阮元奏称："赓芸守洁才优，久协舆论，为浙中第一良吏。"于是，引见后升处州同知，后又升嘉兴府知府。史

载，李赓芸"性廉正，敝衣蔬食，任监司无异寒儒"。尤为突出的是，他"能治民心""所在有惠政"。

嘉庆五年（1800年），位于浙江中部的金华府和南部的处州府遭受了特大水灾，良田淹没，房屋倒塌，百姓失所。消息上闻，朝廷下令赈灾。过去，每遇水、旱等灾害，朝廷虽有赈灾之旨，但由于地方官阳奉阴违，中饱私囊，因而百姓往往不能得到实惠。鉴于此，浙江巡抚阮元将这次安抚灾民的工作交给了处州府同知李赓芸。因为他知道李赓芸"循绩久彰"，定能圆满完成赈灾任务，以使百姓安居。

李赓芸接受赈灾任务后，立即奔赴两府查勘灾情，并亲自监督将政府拨下的赈灾钱粮发到灾民手中。当他发现政府所拨钱粮尚不足以解决两府灾民的困难时，就向巡抚阮元申请再拨银二万两，以确保灾民渡过难关。金华受灾之后，由于铜钱紧缺，钱价与银的比价大涨，这对无钱少钱的灾民兑钱购物带来了极大困难；处州则在受灾之后粮食奇缺，一些粮商借机哄抬粮价，百姓不堪其苦，怨声载道。李赓芸额外争取到白银二万两之后，用一万两以平价兑成铜钱，亲自押送到金华，给每个灾民加赈一百钱，"民益安而钱价顿平"。然后又用一万两到温州买米，用"辘轳转运"至处州，减价出售，使处州"米亦贱"。不久，两府灾民得以免遭厄运，于是人心安定。李赓芸因赈灾安民有功，不久署台州知府，后又擢升嘉兴府知府。

嘉庆十年（1805年），嘉兴府又遭受了水灾。虽然这次水灾不及金华、处州两府的灾情严重，但是饥饿的灾民仍然是充塞街衢。面对成千上万的饥民，李赓芸实难安枕。由于朝廷没有拨下赈灾钱粮，他便请求减价出官仓之粮，终获批准，于是"实惠及民"。同时，又在各处分设粥厂，"赈民以粥，食数十万人，粥厚而吏不侵，全活者众"。

■心灵物语

李赓芸在大灾之年尽力赈灾安民，取得了明显效果，因而得到了百

姓的爱戴。当他去世之后，"士民数千人走数百里哭号于门，累日不绝"。后"士民追思惠政，捐赀立祠"。对此，嘉庆皇帝也承认："斯则斯民直道之公。"的确，人民大众是最公道的。

■史海钩沉

八卦教

八卦教是中国的民间宗教之一，又称五荤道或收元教、清水教，是清朝康熙年间山东单县人刘佐臣自创的教派。因教徒依八卦分为八股，故又名八卦教。清朝初年，八卦教多传布于河北、河南、山西等地，强调儒释道三教合一，修炼内丹。八卦教专以敛财为主，富甲一方。

乾隆十六年(1751年)，山东人王伦入八卦教，后来又开始传播清水教，自比皇帝，朝廷曾派大学士舒赫德前往镇压。乾隆三十七年(1772年)，八卦教曾遭到清廷的取缔。嘉庆年间，有刘功的离卦教，又有林清分裂出另一支天理教等。

■文苑荟萃

临清吊谢茂秦

（清）李赓芸

四溟豪侠气纵横，谈艺居然满座倾。
谁信坫坛成末隙，始知贵贱见交情。
布衣尽可尸牛耳，采笔何曾逊凤鸣。
转羡贤王能折节，一枝花赠谢先生。

第二篇

治国安邦广施惠政

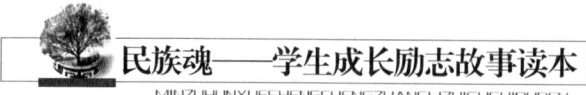
 # 秦穆公珍视民心

秦穆公(? —前621年),一作秦缪公,春秋时期秦国国君。嬴姓,名任好。他在位三十九年(公元前659—前621年),谥号穆,在部分史料中被认定为春秋五霸之一。秦穆公非常重视人才,其任内获得了百里奚、蹇叔、丕豹、公孙支等贤臣的辅佐,曾协助晋文公回到晋国夺取君位。周襄王时出兵攻打蜀国和其他位于函谷关以西的国家,开地千里,因而周襄王任命他为西方诸侯之伯,遂称霸西戎。

秦穆公是春秋时期一个很有作为的国君。他任贤使能,发展生产,使秦国得到了较大的发展。他对民众也采取了比较温和的态度,以至百姓都能够为秦国争锋效命。

秦穆公有一匹好马,不小心走失了。岐山下居住的土著人抓住了这匹马,不但没有送回去,反而将它宰杀吃掉了。据说参与吃马的有300多人,都是精壮的汉子。此事让官吏知道后,就将他们都抓了起来,要量刑处罚。事情很快报到了秦穆公那里,秦穆公的处置却出乎这些官吏的意外。秦穆公说:"君子不以畜产害人。吾闻食善马肉不饮酒,伤人。"于是就赐酒给这些吃了马肉的人喝,并把他们全都释放了。

周襄王八年（公元前645年），秦穆公亲征晋国，被释放的这300多人都请求从军伐晋。当年九月，秦晋大战于韩原（今山西芮城境内）。开始时晋军包围了秦军，穆公受了伤，正在危急关头，忽见数百人奋勇地冲入晋军大砍大杀，穆公得救，晋惠公反而为秦军所俘。这数百勇士就是被释放的食马之人。他们"推锋争死"，只不过是为了"报食马之德"。

■心灵物语

善马值得珍惜，民心更值得重视。秦穆公失一善马而得数百人之心，可见他懂得"不能因小失大"这个道理。施一小恩于民，结果却是挽救了自己的生命，这未必是秦穆公事先想到的。

■史海钩沉

彭衙之战

周襄王二十八年（公元前625年），在晋秦争霸战争中，晋军在彭衙（今陕西白水东北）大败秦军，史称彭衙之战。

周襄王二十六年（公元前627年），秦国势力东进受挫，孟明视等所率的秦军被晋军全歼于崤山。二十八年春，秦穆公再次命孟明视领兵攻打晋国，以雪崤山战败的耻辱。晋襄公率军迎战，两军在秦西部的彭衙相遇。双方列阵后，晋将狼晖率部下首先冲入敌阵，晋军主力随之发起攻击，秦军大败。同年冬，为了进一步遏制秦国东进的势力，巩固晋国的霸主地位，晋襄公命大夫先且居率军联合宋、陈、郑军等再度攻秦，并相继攻克了秦邑汪（今陕西澄城西）及彭衙后方才撤兵。

■ 文苑荟萃

黄 鸟

《小雅·黄鸟》

黄鸟黄鸟，无集于榖，无啄我粟。

此邦之人，不我肯榖。

言旋言归，复我邦族。

黄鸟黄鸟，无集于桑，无啄我梁。

此邦之人，莫可与明。

言旋言归，复我诸兄。

黄鸟黄鸟，无集于栩，无啄我黍。

此邦之人，不可于处。

言旋言归，复我诸父。

汉高祖扬善为民

汉高祖刘邦（？—前195年），字季（一说原名季），沛郡丰邑中阳里（今江苏丰县）人，汉族。秦朝时曾担任泗水亭长，起兵于沛（今江苏沛县）。后成为汉朝（西汉）开国皇帝，庙号为太祖，谥号为高皇帝（谥法无"高"，以为功最高而为汉之太祖，故特起名焉），所以史称太祖高皇帝、汉高祖或汉高帝。出身平民阶级，成为皇帝之前又称沛公、汉中王。他对汉民族的统一、中国的统一强大，汉文化的保护发扬有决定性的贡献。

秦汉时期，根据法律规定，成年男子必须为政府从事力役和兵役。男子到了一定年龄必须到官府登记，叫作傅（附著名籍），此后开始服役。傅籍年龄，秦时17岁，汉景帝二年（公元前155年）定为20岁，后改为23岁，由此至56岁，才能免除徭役。汉代力役和兵役不分，有三种，即正卒、戍卒和更卒，前两种实际是兵役，第三种是在本县从事一个月的无偿劳役。

徭役除出力外，有些项目也可以钱代替。另外，因特殊情况也可以免除徭役，称为"复"或"复除"。如果全家免除徭役，则称为"复家"。一般来说，复除是国家给予有一定社会地位的人的一种特权。而劳动人民只是在遭遇灾害饥荒时才得以恩准暂时免除徭役。除此以外，汉代皇帝家乡的百姓也蒙特诏优许复除，这是皇帝对家乡百姓的一种恩典，一种惠政。

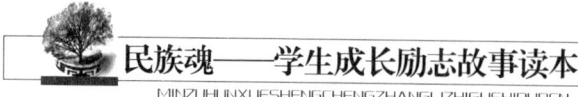

西汉王朝的开国皇帝刘邦，是秦朝泗水郡沛（今属江苏）人。他做了皇帝以后，沛和邻近的丰就成了西汉的帝乡，因而得以享有复除的优遇。

刘邦起兵反秦时，得到了家乡父老子弟的拥护和帮助，被立为沛公。所以，他对于家乡和家乡父老的感情是很深的。高帝十二年（公元前195年），刘邦平定淮南王英布后班师还朝，路过沛地，于是在家乡大摆酒宴，召请父老子弟赴宴，又组织120名儿童学习唱歌。待到酒酣耳热，汉高祖击筑而歌："大风起兮云飞扬，威加海内兮归故乡，安得猛士兮守四方。"让儿童齐声应和。刘邦随之边歌边舞，慷慨伤怀，他对父老乡亲说："游子悲故乡。吾虽都关中，万岁之后吾魂魄犹思沛。且朕自沛公以诛暴逆，遂有天下，其以沛为朕汤沐邑，复其民，世世无有所与。"汤沐邑是汉代皇帝、皇后、公主，以及诸侯王列侯收取赋税以供私人奉养的封邑。沛虽为汉高祖的汤沐邑，但其中百姓享有复除徭役和免去一切租赋的优待。

汉高祖在沛欢饮了十余日，方才离去。离别前，沛地的父老又请求给丰以同样的优待。刘邦以丰地百姓当年归附魏将雍齿而耿耿于怀，因父老再三恳求，乃并复丰，比沛，与沛同样对待。

■心灵物语

百姓的期望才是国家的希望。只有让百姓过得安稳，让社会变得和谐，才能体现执政者扬善为民的思想。民，国家之基也。没有百姓的支持，任何国家政府都是要垮掉的。

■史海钩沉

明修栈道，暗渡陈仓

项羽自封为西楚霸王后，便开始向各诸侯分封领地，并将巴、蜀、汉

中三郡分封给了刘邦，立刘邦为汉王。

刘邦在去领地途中，命令部下烧毁栈道，其实是向项羽表明自己没有向东扩张的意图。具备了一定的实力后，刘邦便抓住时机迅速挥师东进，其野心是要与项羽争夺陈仓，因此便出了"明修栈道，暗渡陈仓"的计策。

当时，陈仓是刘邦进入关中的必经之地，两地之间隔着险山峻岭，又有雍王章邯的重兵把守。

刘邦依照韩信的计策，派了自己最信任的大将樊哙带领一万人去修五百里栈道，并以军令限一月内修好。当然，这样浩大的工程即使三年也不可能完成。

但也正因为这点，才迷惑麻痹了陈仓的守将。陈仓的雍王章邯万万没想到，刘邦的精锐部队其实已经摸着无人知晓的小道翻山越岭偷袭了陈仓。

刘邦通过"明修栈道，暗渡陈仓"的计策，顺利挺入关中站稳了脚跟，从此拉开了他开创汉王朝事业的大幕。

■ 文苑荟萃

《九章律》

《九章律》也称《汉律九章》，是汉高祖刘邦统一中国后所颁行的一部法典。

汉初，相国萧何依照秦法，适应新形势，制定了盗律、贼律、囚律、捕律、杂律、具律、户律、兴律、厩律等九篇，其中前六篇大致与秦律相同，源于李悝的《法经》，后三篇新增加了关于户口、赋役、兴造、畜产、仓库等方面的规定。可惜，如今原文已经失传。

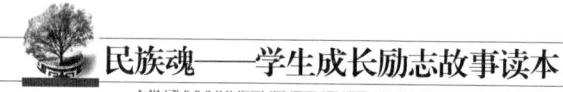
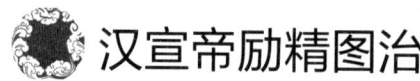 汉宣帝励精图治

刘询（公元前91—前49年），原名刘病已。汉武帝和卫子夫的曾孙，戾太子刘据和史良娣的孙子，史皇孙刘进和妾王翁须的儿子。巫蛊之祸家人蒙难，褓褓中的刘询曾下狱，后被祖母史家收养，直到武帝下诏掖庭养视，上属籍宗正。元平元年（公元前74年）昌邑王被废后，霍光等大臣将他从民间迎入宫中，先封为阳武侯，于同年七月继位，时年18岁。第二年改年号为"本始"。

汉宣帝刘询是戾太子刘据的孙子，也就是汉武帝的曾孙。汉武帝晚年，刘据罹巫蛊之祸被迫自杀，年纪幼小的刘询也受牵连被关押在狱中。因许广汉、丙吉等人的保护，才幸免于难。后来养育民间，到19岁时才被迎入宫中，策立为帝。正因为如此，宣帝对民生疾苦有比较深切的了解，"具知闾里奸邪，吏治得失"。

宣帝亲政后，励精图治，五日一听朝治事，自丞相以下皆勤于吏职。每逢任命刺史、守、相，他都亲自召见询问，听其言而观其行，如果名实不符，他一定追究原因。宣帝在位二十五年，为整顿吏治，主要进行了以下两方面的努力。

一是大力褒扬循吏。循吏是指"谨身帅先，居以廉平，不至于严，而民从化"的官吏。宣帝对那些自奉廉洁、奉公守法、致力教化百姓而有政绩的官吏，大力褒扬。地节三年（公元前67年）因胶东相成勤于政事，治有异等，招抚流民八万余口，宣帝特地升迁其秩为中2000石，赐爵关内侯。黄霸以财入官，左冯翊长官不署其重要职务。后察廉为河南太守的副手。宣帝得知其持法公平，召以为廷尉正。不久因罪系狱三年，出狱后历任谏大夫、扬州刺史、颍川太守，宣帝特地下诏："其以贤良高第扬州刺史霸为颍川太守，秩比2000石，居官赐车盖，特高一丈，别驾主簿车，缇油屏泥于轼前。"以示宠遇，表彰有德。黄霸治郡前后八年，深得民心，治行为天下第一。

宣帝又赐其爵关内侯，黄金百斤，秩中2000石。北海太守朱邑以治行第一升任大司农，因为人淳厚，奉公守法，受到宣帝的器重。他于神爵元年（公元前61年）死后，宣帝特地下诏称赞说："大司农邑，廉洁守节，退食自公，亡强外之交，束修之傀，可谓淑人君子。遭离凶灾，朕甚闵之，其赐邑子黄金百斤，以奉其祭祀。"此外，宣帝还赐勤事吏爵、益百石小吏俸禄等，以示督促和鼓励。

二是禁吏擅为苛政。宣帝从其自身的坎坷遭遇中深切地感受到，刑狱是关系到百姓死生的大事。所以，他在位期间屡次下诏申明治狱务宽。地节四年，他在诏书中说："令甲，死者不可生，刑者不可息。此先帝之所重，而吏未称。今系者或以掠辜若饥寒瘐死狱中，何用心逆人道也！朕甚痛之。"为此，宣帝要求郡国每年详细上报被关押囚犯因掠笞和瘐死狱中者的姓名、籍贯、爵级等情，丞相御史以此考课殿最优劣。

元康元年（公元前65年），宣帝在诏书中再次强调，狱政关系万民之命，目的是禁暴止邪，养育群生；而官吏的职责就是使生者不怨，死者不恨。可是，现在有些官吏对待无辜百姓"用法或持巧心，析律贰端，深浅不平，增辞饰非，以成其罪"。为此，宣帝要求郡国2000石严格考察部属，不要任用那种越职逾法、以取名誉的官吏。当时，有些郡国2000石擅为苛禁，譬如禁止百姓在嫁娶时具酒食相庆贺。宣帝下诏申斥了这种行为，认为这种行为废弃乡党之礼，使民亡以乐，并要求官

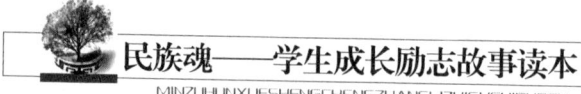

吏勿行苛政。

黄龙元年(公元前49年),即宣帝去世当年年初,宣帝在诏书中重申,要求公卿大夫"务行宽大,顺民所疾苦"。为了使自己的诏命能够得到认真的贯彻,宣帝还多次派使者循行郡国,问民疾苦。如五凤四年(公元前54年)四月,遣丞相、御史掾24人循行天下,举冤狱,察擅为苛禁者。

《汉书》作者班固在《宣帝纪》的赞语中说:"孝宣之治,信赏必罚,综核名实,政事文学法理之士咸精其能,至于技巧工匠器械,自元、成间鲜能及之,亦足以知吏称其职,民安其业也。"在《循吏传》中,班固还指出宣帝时期的一个突出的政治现象:"汉世良吏,于是为盛。""故二千石有治理效,辄以玺书勉厉,增秩赐金,或爵至关内侯,公卿缺则选诸所表以次用之。是故汉世良吏,于是为盛,称中兴焉。"

■心灵物语

汉宣帝励精图治,特别是重吏治以安民,在当时取得了很好的效果。昭帝和宣帝在位时期号称"中兴",是与宣帝重吏治以安民的努力分不开的。

■史海钩沉

故剑情深

汉宣帝刘询对霍光一直都是言听计从、百依百顺,但只有一件事例外,那就是立皇后之事。当时,众公卿都认为霍光的女儿是最佳的皇后人选,甚至还集体上书要求立其为后。

然而,刘询却下了一道莫名其妙的诏书:我在贫微之时曾有一把旧剑,现在我十分想念它,众位爱卿能否为我将其找回来?群臣揣摩皇帝的意思后,又开始一个个请立许平君为皇后。许平君与刘询于公元前75年成婚,

公元前74年生下刘奭，后来成为汉元帝。至此，汉宣帝如愿以偿。这就是故剑情深的故事。

虽然宣帝已经立了皇后，但霍光的妻子霍显一心想让自己的女儿成君做皇后。本始三年，许平君再度怀孕，生下一个女儿，霍显便命御用女医淳于衍在滋补汤药中加入附子，让许平君在坐月子时服用。许平君服用后，不久便毒发逝世。宣帝非常悲痛，追封她为"恭哀皇后"。

许平君死后不久，霍成君便如愿以偿地当上了皇后。然而，她飞扬跋扈，挥金如土，与许后提倡的节俭、贤德完全相反。刘询表面装作对她千依百顺，而霍成君也没为刘询生下子嗣。地节二年（公元前68年），霍光去世，刘询为霍光举行了声势浩大的葬礼。地节三年（公元前67年），汉宣帝封许平君的父亲许广汉为平恩侯，立与许平君在民间所生的刘奭为太子。霍显闻之非常恼怒，私下授意霍成君伺机毒杀刘奭。但因太子的老师经常先试菜验毒，所以几次下手都没有成功。

地节四年（公元前66年）七月，霍家发动政变未遂，招致族灭，霍光的儿子霍禹、霍云，侄子霍山，妻子霍显都被杀或自杀。八月，汉宣帝又以阴谋毒害太子为由，废掉了霍成君。12年后的五凤四年（公元前54年），霍成君自杀。至此，刘询终于为发妻许平君报了仇。

在宣帝刘询落难时，许平君曾对刘询不离不弃。当上皇后之后，她也是细心打理后宫。而刘询能力排众议立平君为后，还能为其报仇，对许平君来说也是非常幸福的事了。

文苑荟萃

登乐游原怀古（缅惟汉宣帝）

（唐）豆卢回

缅惟汉宣帝，初谓皇曾孙。

虽在襁褓中，亦遭巫蛊冤。

至哉丙廷尉，感激义弥敦。

驰逐莲勺道，出入诸陵门。

一朝风云会，竟登天位尊。

握符升宝历，负扆御华轩。

赫奕文物备，葳蕤休瑞繁。

卒为中兴主，垂名于后昆。

雄图奄已谢，余址空复存。

昔为乐游苑，今为狐兔园。

朝见牧竖集，夕闻栖鸟喧。

萧条灞亭岸，寂寞杜陵原。

幂罻野烟起，苍茫岚气昏。

二曜屡回薄，四时更凉温。

天道尚如此，人理安可论。

 # 仓慈对敦煌的贡献

曹睿（205—239年），字元仲，即魏明帝，沛国谯县（今安徽亳州）人。曹丕之子，曹操之孙。能诗文，与曹操、曹丕并称魏之"三祖"，文学成就不及曹操、曹丕。原有集，已散佚，后人辑有其散文二卷、乐府诗十余首。

敦煌地区在汉代已成为丝绸之路上的重要据点，是中西物资交流的主要转运站之一。然经东汉末年战乱，中原地区经济遭受极大破坏，"白骨露于野，千里无鸡鸣""名都空而不居，百里绝而无民者，不可胜数"。中原地区与西域及敦煌的经济和政治联系也受到影响。由于经济的衰退与战乱的限制，使得丝绸之路上的经济贸易明显衰落。

三国魏建国后，中原政局趋于稳定，经济有了明显恢复，对贸易的需求也随之增加。京都洛阳城中，"其民异方杂居，多豪门大族，商贾胡貊，天下四会"。但是，作为丝绸之路上重要门户的敦煌却一直为当地大姓豪族所控制，对中西贸易起到阻碍作用。"（敦煌）郡在西陲，以丧乱隔绝，旷无太守二十岁，大姓雄张，遂以为俗"。他们不仅欺压百姓，还阻断交通，肆意盘剥欲到中原经商的西域胡人。"常日西域杂胡欲来贡献，而诸豪族多逆断绝，既与贸迁，欺诈侮易，多不得分明，胡常怨望"。对于大姓豪族的种种不法行为，朝廷派来的太守尹奉等人，

"循故而已，无所匡革"。

魏明帝太和（227—233年）中，淮南人仓慈被任命为敦煌太守。他到任后，"抑挫权右，抚恤贫羸，甚得其理"。对于大姓豪族阻碍西域胡人到中原进行贸易以及用欺诈方式贱价收购胡人货物的现象，仓慈也予以改变。"欲诣洛（阳）者，为封过所，欲从（敦煌）郡还者，官为平取，辄以府见物与共交市，使吏民护送道路，由是民夷翕然称其德惠"。仓慈的做法保护了西域胡人的经商权益，恢复了丝绸之路的畅通，对中西物资交流起到很大作用。

几年后，仓慈因病死于敦煌太守任上。当地的官吏与百姓"悲感如丧亲戚，图画其形，思其遗像"。而远在西域的胡人听到仓慈的死讯后，"悉共会戊己校尉及长吏治下发哀，或有以刀画面，以明血诚，又为立祠，遥共祠之"。

■心灵物语

凡是为百姓做过好事的地方官，都会长久得到人民的爱戴与怀念。

■史海钩沉

魏国的灭亡

曹睿（魏烈祖明皇帝）统治时期，为了抵抗蜀汉诸葛亮的入侵，重用司马懿。曹睿在世期间，司马懿也兢兢业业地帮助魏国挡住了蜀汉的进攻。然而曹睿死后，因继位者年幼，再加上曹氏成员不满司马懿的大权独揽，故而开始排挤司马懿。但在这场政治斗争中，司马懿最终取得了胜利，掌握了曹氏政权。其后，司马懿之子司马师、司马昭相继掌握曹氏政权。在邓艾等人灭掉蜀汉之后，司马昭病死，其子司马炎代魏称帝即位，建国号为"晋"，史称西晋。至此，魏国灭亡。

□文苑荟萃

善哉行

（魏）曹　睿

我徂我征。伐彼蛮虏。练师简卒。爰正其旅。

轻舟竞川。初鸿依浦。桓桓猛毅。如罴如虎。

发炮若雷。吐气如雨。旄旌指麾。进退应矩。

百马齐辔。御由造父。休休六军。咸同斯武。

兼涂星迈。亮兹行阻。行行日远。西背京许。

游弗淹旬。遂届扬土。奔寇震惧。莫敢当御。

权实竖子。备则亡虏。假气游魂。鱼鸟为伍。

虎臣列将。怫郁充怒。淮泗肃清。奋扬微所。

运德耀威。惟镇惟抚。反斾言归。旆入皇祖。

公孙景茂受百姓爱戴

公孙景茂(518—605年),字元蔚,河间阜城(今河北河间)人。他自幼好学,博通经史,时人誉为"书库",东魏入仕,后相继被北齐、北周等朝重用。隋时历任伊州、道州、淄州刺史等职,因其善政,年至八旬仍为朝廷依重,87岁时卒于任上。

在我国封建社会,已实行官吏退休制度。一般官员年满70岁即须退休,称"致仕"。虽然也规定身体康健并有特殊需要者,可以留任,但这种情况较为少见,而且基本限于中央政府官员。但是,在隋代却有一位官员,以八十几岁高龄出任地方守宰,鞠躬尽瘁,屡建德政,被传为一段佳话。这位官员的名字叫公孙景茂。

公孙景茂容貌魁梧,从小好学,博涉经史。北魏时期,他被举为孝廉,并通过射策甲科入仕。初为襄城王长史,兼行参军。不久迁太常博士,在礼乐、典章制度方面多有建树。由于他知识渊博,故被当时人称为"书库"。后来,他又历任高唐县令、大理寺正,以精明强干著称于世。北周灭齐后,周武帝慕名召见他,经过交谈,对他非常看重,于是任命他为济北太守。不久,因其母去世而辞职。

隋开皇初年,公孙景茂已六十几岁,被隋文帝征召为汝南郡太守。隋朝改革地方制度,变州、郡、县三级制为州、县两级制后,公孙景茂改任曹州司马，很快又升迁息州刺史。他任职期间，"法令清静，德化大行"。当时正值隋平陈统一中国之时，南下大军路过息州，有许多士卒生病，只好留在当地。公孙景茂生担心会增加当地人民负担，便拿出自己的俸禄为病人买汤药粥饭，想方设法周济他们，赖其生还者数以千计。隋文帝听说此事后甚为赞赏，特下诏宣示天下，予以表彰。

开皇十五年（595年），公孙景茂年已77岁高龄。隋文帝巡幸洛阳，召他入见。"命升殿坐，问其年，哀其老，嗟叹久之"。景茂曰："吕望八十而遇文王，臣逾七十而逢陛下。"以姜太公年80岁辅佐周文王成大业之事，喻其老骥伏枥之志。隋文帝大为赞赏，下诏褒美之，并加封他为上仪同三司、伊州刺史。一年后，他因病离职休养。回家那天，伊州吏民因感念他一年来的德绩，纷纷拥到路旁，与他挥泪道别。

公孙景茂病愈后，请求致仕，未得允许，转任道州刺史。他一如既往地关心百姓疾苦，不断用自己的秩俸买牛羊鸡猪，送给孤弱贫苦、难谋生计者。他不顾年老体衰，经常单人独骑到各家各户巡视，了解百姓的生产、生活状况。对于善于经营、家庭和睦者，予以公开表彰，并宣传、推广其经验；对于生产不好或犯有过失者，则是谆谆训导，劝其改过，但并不向外声张，以保全其颜面。"由是人行义让，有无均通。男子相助耕耘，妇女相从纺绩。大村或数百户，皆如一家之务"。道州境内，人人安居乐业。

后来，公孙景茂因为年迈，力请致仕，获准。但几年后，又被征召，拜为淄州刺史。大业初年，他卒于任所，时年87岁。

□心灵物语

公孙景茂"前后历职，皆有德政，论者称为良牧"。劳动人民由于他的作为也得到了好处。所以，公孙景茂是一位受百姓爱戴的人物。

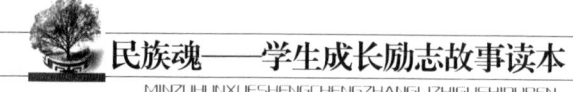
■史海钩沉

尉迟迥叛乱

北周大象二年（580年）五月十一日，北周宣帝宇文赟病死。宇文衍即位，是为周静帝。由于静帝年幼，左丞相杨坚辅政。

为了预防北周宗室生变，稳固自己的统治权力，杨坚以将千金公主嫁给突厥为辞，诏赵、陈、越、代、滕五王入朝。由于尉迟迥（北周文帝宇文恭的外甥）位望素重，杨坚担心他有异图，便以会葬宣帝为名，诏使其子尉迟惇召尉迟迥入朝，并以韦孝宽为相州总管赴邺，取代尉迟迥。

是年六月，尉迟迥担心杨坚专权对北周不利，便公开起兵反对杨坚。七月，青州总管尉迟勤（尉迟迥弟之子）也跟随尉迟迥反对杨坚。紧接着，荥州（今河南氾水）刺史宇文胄、申州（今河南信阳）刺史李惠、徐州（今江苏徐州）总管司录席毗罗等人，也都据州响应。整个山东（太行山以东）除沂州（今山东临沂西）外，几乎都为尉迟迥所控制。

这时，杨坚也挟幼帝以号令中外，并结好并州李穆，送千金公主与突厥和亲，以消除北方之患；同时加强洛阳守御，作为进讨尉迟迥的战略基地；又令计部中大夫杨尚希先发精兵3000余人镇守潼关，防其偷袭。不久后，杨坚又调发关中兵，令韦孝宽为行军元帅，陇西公李询为元帅长史，率军讨伐尉迟迥。八月十七日，杨坚派监军高颎到达前线，令其在沁水架桥，发起进攻。韦孝宽军奋勇进击，大败尉迟惇的军队，尉迟惇逃往邺城（今河北临漳西南）。韦孝宽军乘胜追到邺城南，尉迟迥父子集中全部兵力13万人在城南布阵，阻止韦孝宽军进攻。时有数万士民观战，韦孝宽军便以箭射观者，制造混乱，然后乘乱反击，大败尉迟迥的军队。尉迟迥退守北城，韦孝宽军破城而入，尉迟迥被迫自杀。

 # 薛大鼎为民兴水利

薛大鼎（？—654年），字重臣，唐蒲州汾阴（今山西万荣县西南）人，一生的政治活动主要在初唐时期。薛大鼎的父亲薛粹，为隋朝介州（今山西介休、平遥）长史，隋炀帝篡位之后，因参与汉王杨谅的反叛，被处死。薛粹家人也多牵连被杀，薛大鼎因年幼免死，没为官奴，流放辰州（今湖南沅陵）。

中国古代史家把廉洁奉公、为民谋利、治政有成的地方官称为良吏，并常将他们作为一个特定的群体载于史册，大加赞誉。唐初的薛大鼎就是一位治州有方的良吏。

薛大鼎生于隋朝，父亲因参与反叛隋炀帝被处死。他因年幼，得免一死，被作为官奴流放到辰州（今湖南沅陵）。成年后，他投奔李渊参加反隋，为李渊献计献策，显示了他的远见与才干。武德四年（621年），唐高祖平定长江中游的荆襄地区后，为加强统治，专门挑选善于治国安邦的官吏赴任，薛大鼎以山南道副大使治理荆襄地区。他在任职期间召集流亡，安抚百姓，大兴屯田，恢复和发展生产，很快便取得显著成效，此后他又担任过浩州刺史等官。而他最受后人称道的是在沧州刺史任内兴修水利。

沧州（今河北沧县东南）濒临渤海，地势低洼，自古以来水患严

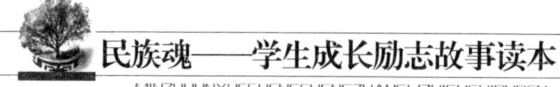

重。薛大鼎任职时已是贞观后期。唐初经济经过一段时期的恢复和发展，渐呈蓬勃发展的局面。但沧州地区却无多大改观，田野一片荒凉，渔盐资源多未开发，百姓生活十分困苦。薛大鼎经过深入的调查研究，根据当地的实际情况，决定抓住水利这一命脉，从治河修渠入手。

首先修治的是无棣渠。无棣渠西起运河，贯通沧州全境，东入渤海，是沧州的经济大动脉。隋朝末年，河道堵塞，长期没能修复。通浚无棣渠早已成为当地百姓的心愿。薛大鼎招募民工，挑河浚治。经过努力，终于恢复了无棣渠昔日的风貌。不仅减轻了水患，也灌溉了无棣渠沿线的田地。无棣渠上舟楫穿梭往来，物资运输顺畅，商人也纷纷前来经商。渤海的渔盐之利经无棣渠源源不断地输入内地。无棣渠的修治带动了沧州经济的繁荣和发展，为沧州人民造了福。沧州人民面对滚滚东流的无棣水，非常感谢薛大鼎。当时在百姓中流传着这样一首民谣："新河得通舟楫利，直达沧海鱼盐至。昔日徒行今骋驷，美哉薛公德滂被！"

此后，薛大鼎一鼓作气，继续组织当地百姓疏通了长芦、漳、衡三条河。这三条河经沧州入海，但常年淤积，宣泄不通。一到雨季，沿河积水成潭，河水四溢，造成严重的灾害。三河疏通后，积水顺利排泄，消除了多年的水患。

河北瀛州（今河北河间）、冀州（今河北冀县）和沧州三地成三足鼎立之势，很像当时常用的铛（一种大锅，有三足）。而瀛州刺史贾敦颐、冀州刺史郑德本与薛大鼎齐名，都是颇有政绩的刺史，河北百姓把他们三人称为"铛脚刺史"。

心灵物语

薛大鼎在沧州兴修水利，执政为民，取得了极大的成功，成为河北地区美名远扬的刺史。

□ 史海钩沉

薛大鼎献计龙门

唐高祖李渊本来是隋朝的重臣。隋朝末期，天下大乱，李渊父子便趁势起兵，准备夺取天下。李渊的大军从太原一带出发，直下晋南，最终到达了龙门一带（今河津）。

当时，汾阴人薛大鼎距离龙门很近。他一看建功立业的机会来了，就马上去拜见李渊，为李渊出谋划策。

薛大鼎建议，李渊的军队可以直接从龙门渡过黄河，进入现在的陕西境内，占领位于渭河河口的永丰仓。那里粮食充足，大军可以长期驻扎，并且可以号令天下……这是一个"拊背扼喉"的好计策。

李渊很赞赏薛大鼎的建议，然而因当时众将已经商定进攻河东的方案，李渊就没有再采用薛大鼎的计策，只给他一个官职，"大将军府察非掾"，大概是做监察之类工作的。

□ 文苑荟萃

荥阳唐高祖太宗石刻像

（宋）苏　辙

谁言肤寸像，胜力妙人天。

欲疗众生病，阴扶济世贤。

身微须覆护，眼净照几先。

岂为成功报，犹应历劫缘。

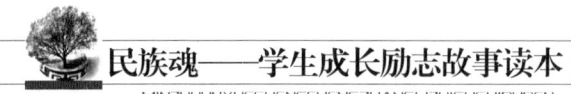
卢坦体恤民情

> 　　卢坦（748—817年），字保衡，洛阳人。唐朝大臣，曾为义成军判官。节度使李复病重，监军使薛盈珍害怕叛乱，卢坦为之进计。后李复死，卢坦护丧归东都。后为寿安令。不久出为宣歙池观察使，又入为刑部侍郎、盐铁转运使，至户部侍郎、判度支。元和八年（813年）黄河决口，西受降城被冲毁，李吉甫决定移兵于天德故城，卢坦上书言不可，不被采用。不久出为剑南东川节度使。卒赠礼部尚书。

　　中国古代救济灾荒有许多办法，招徕商贩，从丰收之地运米至荒歉之县粜卖，就是其中之一。这个办法可以平抑粮价，减轻灾后的粮荒现象。如何吸引粮商兴贩，全靠灾区州县官善于鼓励引导。卢坦就是善于兴商赈救灾民的地方官吏。

　　中唐以后，卢坦开始做官。他任寿安（今河南宜阳）令时，已表现出爱民抚民的为官意识。当时河南府征收户调的期限马上就要到了，但百姓们纷纷向他诉说要交的绢帛还没有织完。卢坦到河南府请求把交户调的期限宽限10天。河南府尹不同意，坚持要马上交。卢坦回到县里，告诉百姓说，等织完了再交，不用顾虑朝廷的期限。如果误了时间，不过是罚我这个县令的俸禄而已。事后，卢坦果然因为催征户调延期受了罚。这件事使卢坦出了名，河南一带的百姓都知道寿安有个为民做主的好县令。

后来，卢坦担任了宣州（今安徽宣城）、歙州（今安徽休宁）、池州（今安徽贵池）三州观察使。当时正赶上江淮一带大旱，谷价飞涨，百姓买粮困难，眼看就要酿成饥荒。有的人给卢坦出主意，让他颁布一道命令，强行限制米价，不让米价继续上涨，以便老百姓能买得起。卢坦说："我们这里地域狭小，粮食主要来自别的州。若是粮价低，商人就不运粮到这里来了，不如不限米价，任其自然涨落。"因为听说宣、歙一带粮价高，米商粮贩纷纷运粮食到这里来卖。粮食运来得多，粮价自然也就回落下去，趋于正常。百姓们靠这些粮食度过了荒年。

卢坦不抑米价，后来成了中国古代善于救济灾荒的典范事例。宋代的董煟写了中国历史上第一部专门论述救灾问题的专书《救荒活民书》，他在书中对卢坦的做法大加赞赏，评论说："不抑价则商贾来，此不易之论。昧者反之其意，止欲沽誉，不知绝市无告籴之所，适以召变而起谤也。坦有定见如此哉！"

■心灵物语

卢坦有远见固然不错，但最主要的还是他善于体恤民情，以救民爱民为己任，因此才能做出为百姓谋利的实事。

■史海钩沉

卢坦谏言

唐代宣宗统治时期，赤县（县治设在京师内的移赤县，此指长安、万年县）的县尉被朝廷官署审查，京兆尹秘密救他，宣宗便派宦官去释放这个县尉。这时，卢坦告诉中丞（御史中丞）请求审察核实手续，宦官便回来告知宣宗，宣宗说："我本来应该先命令主管官员的。"于是下诏令，才释

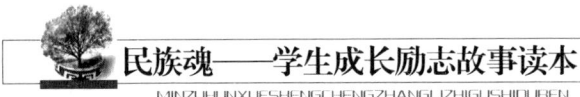

放了这个县尉。

几个月后，卢坦被提升为中丞。开始时，几个道（行政区划名，唐分全国为十道）罢免调回的长官，拿本道的钱作为进献皇帝的物品，皇帝便发布命令一律禁止。山南节度使柳晟、浙西观察使阎济美等人违反诏令进献钱财，卢坦便揭发了他们的罪状，柳晟、阎济美等人被免去官职。宣宗告诉卢坦说："这两个人进献的是家财，我已经答应原谅他们，我不能失信。"卢坦说："用来公布大信用的是赦令。现在这两个大臣违反诏令，陛下怎么能因小信用失去大信用呢！"皇帝说："我已经接受了钱财，怎么办？"卢坦说："把钱财拿出来归还主管官员，还可以显示陛下的道德。"于是，宣宗采纳了他的建议。

■文苑荟萃

别行简（时行简辟卢坦剑南东川府）

（唐）白居易

漠漠病眼花，星星愁鬓雪。

筋骸已衰惫，形影仍分诀。

梓州二千里，剑门五六月。

岂是远行时？火云烧栈热。

何言巾上泪，乃是肠中血。

念此早归来，莫作经年别。

积善成德故事

刘随为官广施惠政

刘随（生卒年不详），字仲豫，开封地区考城县（今河南兰考县）人。宋真宗大中祥符（1008—1016年）中，以进士及第入官，初授永康军（今四川灌县）判官。

"民者，国之根本也"。这是北宋统治阶级总结前朝历史教训后得出的一个基本结论。他们认为，以往的朝代之所以被推翻，最根本的原因在于"昏君庸主不知民为天下、国家之根本，以草莽视民，以鹿豕视民"，招致民众离叛。如"陈胜不堪秦之民役苦，愤然举兵以诛秦"，结果"以匹夫亡秦"。黄巢"因民之饥"，起兵横扫天下，遂致唐亡。所以，北宋前期，太祖、太宗等求治之君，皆以安民为要务。事君之良臣，则以广施惠政为己任。北宋时期，历仕真宗、仁宗两朝的刘随，就是一个广施惠政的循吏典型。

在当时，四川地处国家西南边陲，以往当地民众受贪官污吏的残虐，往往苦而无告，铤而走险，宋太宗时曾爆发过李顺领导的农民起义。因此，宋真宗把选择良吏治蜀，以免国家西顾之忧，当作一件十分重要的事情。

刘随被选任为永康军判官，这虽然只是一个佐理军州事务的小官，但是他在施惠政于民这一方面却是不遗余力，始终以绥境寄民、为国分

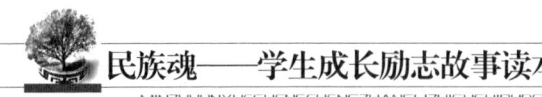

忧为任,被当地人誉为"水晶灯笼"。时隔20余年,到宋仁宗宝元元年(1038年),石介任嘉州(今四川乐山)军判官时,还遇到永康军的一位老人向他讲述刘随在永康时的惠政。

据这位没有留下姓名的老人讲,刘随到永康军判官任上,所做的第一件善事是尊崇文教。按永康军惯例,新官到任的第三天,应亲自拜谒境内诸祠庙。而永康祀典中,从来就不包括孔庙。刘随则是首先拜谒孔庙,来到庙庭,见庙宇湫溢芜秽,又听说负责管理祠庙的楼店务已将庙中的一片空地租给当地一富人,准备营建居舍。刘随即亲自撰写公文,移送楼店务,责成立即收回出租之地,并令其增广庙宇,务使高明显敞,因而"使蜀人知有圣人"。

第二件善事是斥罢淫祠。蜀人生长于西南边部地区,多信从鬼诬妖诞之说。永康军有一个灌口祠,当地风俗事奉该祠极为郑重,每年春、秋皆大搞祭祀活动,供奉陈设极为丰盛,所用钱物数以万计,都是取于当地百姓家。官府出面进行聚敛,公私吏人借机中饱私囊。当地百姓深受此害,甚于急征暴赋。刘随认为:"聪明正直之谓神,彼果能神,则是既聪明且正直也。岂有聪明正直之神,椎剥万灵之肤血以为己奉哉?果不能神,又何祀焉?"因而下令禁止对灌口祠大事祭祀,既使百姓免除了聚敛之害,又杜绝了吏人肆行贪黩的一条途径。

第三件善事是凿山通井,设防拦江。以往永康没有水井,当地居民饮食所用,全都依赖附近的导江之水。每到冬季,江水冻涸,人们只得去离城20里处取水饮用。由于饮水艰难,人们常常饮食不时,不少人因此患病,其甚者竟至于死亡。人吃水尚且如此困难,那就更难以喂养牛、马、猪等家畜,从而影响了人们的生产。

更为危险的是,一旦发生火灾,焚烧民居及公私仓廪,也难得一勺灭火之水。刘随到任以后,就下决心要根除永康的缺水之患,冥思苦想要修一水利工程,以解决当地的用水问题。他想到附近有一座鱼凫山,俯视永康城,山后有一股很大的泉水。如果能将泉水引到城中,就能一劳永逸地解决用水问题。于是，他徒步登上鱼凫山，亲自进行实地勘察，终于找到了引水入城的办法，率众施工，将泉水导入永康城。"水于是足用，民于是不乏，愈汲愈生，取之无竭。倘鱼凫山朽，泉源绝，水之利当歇；不然，至于千万世而无穷休也"。

永康地区有岷江、沱江和马骑江三条河流经该地，岷江在流经永康时，沱江水已先注入，而马骑江在永康距岷江仅是寻尺之隔。如果马骑江在永康与岷江相合，势必给成都及其下属13县带来洪涝灾害。以往根本无人虑及此事，唯独刘随对此事极为担忧。于是，刘随动工拦马骑江，疏导江水，防止它在永康注入岷江。工程未完，刘随即以非罪罢任，他对自己蒙冤并不放在心上，也不曾申诉，仍然为成都与属下13县的水患担忧，对公家之事未了感到遗憾。后来，刘随在成都任通判时，又继续施工，终于完成了拦江工程。成都与属下13县，遂无水患之虞。

第四件善事是去猾奸、辨枉狱。永康在国家西部边区，属于僻陋之地，普通百姓不知道国家有宪法律度，可以绳治大奸酋猾，都惧怕豪强兼并之家。如被其奴役、掠夺土地、凌暴妻女，也不敢与之相争，更不知到何处投告。刘随到永康，对强宗凌弱暴怯者痛加绳治，许民众直入衙门，趋厅前号冤哭枉。从此，豪人敛迹，民众得安。

第五件善事是安屠人、息秋千、植树为垒，与民休息。当时，国家有大的喜庆事，则令各地官府大摆宴席，搞普天同庆。过去，每逢这种事，永康地区都要令屠户输纳羊或猪肉，官府督责极为峻急，官吏也借此渔利。有的屠户因家中匮乏无力操办，受苛捐逼迫，甚至卖儿卖女以偿其值。刘随以为，"国家大酺"是"布德泽、流恺乐于万民"，不能"苦民以取充"。于是，将以往的摊派改为官府出钱平价购买。

永康旧例，每年寒食节，官府皆科配百姓献秋千木。刘随对这一扰民之政也加以废除，改伐官有林木。

旧日永康并无城垒，只以木栅为屏障，每年科配百姓修鹿角寨，吏人亦缘此为奸。刘随到任，改种植杨树以为寨墙，使当地百姓数十年免此科配。

除上述惠政以外，刘随还开西山之路，以利交通、贸易。永康西与少数民族地区接近，少数民族到永康进行贸贩的人，每日多达千余人，而"道出西山，折盘峻极，上见青天，下临深渊"，行人共苦蜀道之难。刘随则为人们开通西山之路，削险绝为砥路，往来行人，安如坦途。

无名氏老人话尚未说完，即已泪随睫下。

石介听后，感慨地说："夫严先师庙，尊圣人也；斥灌口祠，罢淫祀也；凿山通井，设防拦江，利万世也；去猾奸，勇也……辨枉狱，明也；拒豪势，强也；安屠人，息秋千，树杨开路，可谓公家之利，知无不为。……公（刘随）之道用于天下，则其效何如也！"为了不使关于刘随的"永康之政、老人之说"失传，石介遂以《记永康军老人说》为题，记下了这一口碑，以备"他日送于史官，请书《循吏传》首"。刘随在永康军广施惠政的事迹，也因此而流传至今。

■心灵物语

只有交通发达了，才有利于地区的发展。刘随正是抓住了这个地方经济发展最基本的要素，才让少数民族的经济得到了发展，其事迹也得到了广泛流传。可见，一个懂得积善成德的人，在人民心中的地位有多么重要。

■史海钩沉

宋真宗伪造天书

宋真宗赵恒即位的第三年，北方的辽国军队大举南侵，北宋军队打败，辽军如入无人之境，直逼北宋的都城开封。

眼看兵临城下，宋真宗本想弃城逃跑，但因强硬派宰相寇准力主抗战，

宋真宗只好到澶渊督战。北宋军队一看皇帝亲临战场，个个都豪气万丈，奋勇杀敌，很快就把辽军杀得丢盔弃甲。

北宋军胜了，但宋真宗却与辽国签订了合约，每年上贡给辽国白银10万两、绢20万匹。这下北宋举国上下一片哗然，胜而不胜，败而不败，这简直就是百年不遇的怪事。

然而宋真宗心里明白，虽然辽国当时还算不上很强盛，但对北宋肥沃的领土却久已虎视眈眈，这样的军队岂能善罢甘休？而北宋当时已是衰落日久，打不起持久战，只好签一份合约，让北宋能得以借机发展经济、强大军队。

随后，宋真宗为了重振雄风，找回皇帝的威严，便准备伪造一份"天书"以封禅泰山。于是，宋真宗决定让接任寇准宰相位置的新宰相王旦着手办这件事。

最终，王旦帮助宋真宗完成了泰山封禅、搞天书祥瑞，最后还配合宋真宗完成了人造"天书"，继而得以封禅泰山。

■文苑荟萃

重读徂徕集

（宋）欧阳修

我欲贵子文，刻以金玉联。

金可烁而销，玉可碎非坚。

不若书以纸，六经皆纸传。

但当书百本，传百以为千。

或落于四夷，或藏在深山。

待彼谤焰熄，放此光芒悬。

人生一世中，长短无百年。

无穷在其后，万世在其先。

得长多几何，得短未足怜。

惟彼不可朽，名声文行然。

谗诬不须辨，亦止百年间。

百年后来者，憎爱不相缘。

公议然后出，自然见媸妍。

孔孟困一生，毁逐遭百端。

后世苟不公，至今无圣贤。

所以忠义士，恃此死不难。

当子病方革，谤辞正腾喧。

众人皆欲杀，圣主独保全。

已埋犹不信，仅免斫其棺。

此事古未有，每思辄长叹。

我欲犯众怒，为子记此冤。

下纾冥冥忿，仰叫昭昭天。

书于苍翠石，立彼崔嵬巅。

询求子世家，恨子儿女顽。

经岁不见报，有辞未能诠。

忽开子遗文，使我心已宽。

子道自能久，吾言岂须镌。

 ## 董文用为官解民疾苦

> 董文用（1223—1297年），字彦材，元代名将董俊三子。10岁亡父，受兄长董文炳之教，学问早成。

蒙古政权在与金、宋争夺全国政权的过程中，常年与金、宋军队争战。蒙古军队所到之处，动辄屠城，"凡城邑以兵得者，悉坑之"。凡是遇到抵抗，除工匠之外，男女老幼，一律杀光，如保州被屠，"尸积数十万，磔首于城，殆与城等"。中原百姓深受荼毒，生民百不遗一，城池衰败，人民生活和生产都受到极严重的破坏。但也有些蒙古政权官员，特别是投降蒙古政权的汉族官员，在攻城略地的同时，能够以安民惠民为己任，采取措施安定民心，恢复生产。董文用就是一位这样的官员。

董文用的父亲董俊投降蒙古政权后，被木华黎授予龙虎卫上将军，行元帅府事，后在攻打金都汴京时战死。当时董文用只有10岁。其兄董文炳久典重兵，官至中书省左丞、签书枢密院事，深得元世祖宠信。文用因其父兄的缘故，很早就在朝廷任官。至元元年（1264年），他出任西夏中兴（今宁夏银川市）等路行省郎中，元世祖任命他为此官，意在安抚当地百姓。中兴地区在元世祖忽必烈与阿里不哥争夺汗位时，曾受亲阿里不哥的蒙古大将浑都海控制，双方在这一带交战，百姓为逃避战祸，相率逃往山中，中兴地区一片荒凉。浑都海兵败被杀，此地百姓

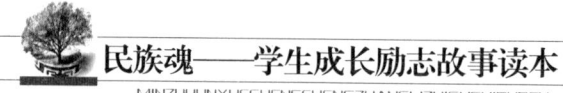

仍不敢出山复业，唯恐再受迫害。

董文用到任后，首先发布文告，张贴在通衢要道晓谕逃民，要他们回乡务农，政府决不迫害，逃民才安下心来。他又下令开通唐来、汉延、秦家等渠，灌溉农田；中兴、西凉、甘、肃、瓜、沙等州的很多田地都变成水田；山中逃民四五万人都回到家乡，董文用下令全部发给种籽、农具；还命令造船只停在黄河上，以接收当地各部落民众和溃散后投降的敌兵。这些措施深得当地民心，受到百姓的欢迎。当时诸王只必铁木儿镇守中兴等路，其部下骄横不法，到地方官府强行索要财物，地方官府感到十分头痛，董文用便在官衙中坐等，来者都被他依法驳回。这些人达不到目的，十分怨恨董文用，便到只必铁木儿那里告黑状。

只必铁木儿见一个汉人地方官竟敢对抗王爷，大怒，派手下去质问董文用，意欲置其于死地。董文用毫不惧怕，正气凛然地说："我天子命吏，非汝等所当问，请得与天子所遣为王傅者辩之。"只必铁木儿只好派王傅讯问。董文用对他说："我汉人，生死不足计。所恨者，仁慈宽厚如王，以重任威镇远方，而其下毒虐百姓，凌暴官府，于事体不便。"然后一一列举只必铁木儿部下的罪行。王傅以此回报只必铁木儿，只必铁木儿也有所觉悟，立即把董文用招来，道谢说："非郎中，我殆不知。郎中持此心事朝廷，宜勿怠。"从此以后，再也没有谗言能够中伤董文用，行省的政令也能够广泛有效地执行，中兴等路在董文用等省臣的努力下逐渐安定下来。

元世祖知董文用任官以安民为务，所以常派他到动乱地区安定民生。至元八年（1271年），元置司农司，以督率农业生产。董文用被任命为山东东西道巡行劝农使。山东经李璮叛乱，生产受到严重破坏，土地荒芜，百姓流离。董文用到任后，巡行各地劝勉农耕，走遍山东各地。进入登州地界，见田地都得到开垦，野无旷土，因而作诗表彰移剌知州。由于董文用的努力，山东地区的农业生产很快得到恢复。五年之间，"政绩为天下劝农使之最"。

至元十三年（1276年），董文用被任命为卫辉路（今河南省汲县）总管。卫辉路为南北交通要道，每次战争，当地百姓都被征发为兵，"民为兵者十之九，余皆羸弱贪病，不堪力役"。当时，元军刚刚灭掉南宋，把江南的金玉、财帛以及临安宫中的珠宝、图籍统统运往元朝都城。卫辉路的道上，运送车辆日夜不绝，地方负责守护、运输的力役，每天都在千人以上。董文用对此十分忧虑，他对人说："吾民弊矣，而又重妨耕作，殆不可。"于是，他对主持转运的官员说："州县吏卒，足以备用，不必重烦吾民也。"这位官员说："汝言诚然，万一有不虞，则罪将谁归！"董文用当即写好书面保证，并列具官名、姓名。于是力役罢止，百姓因而得以按时耕作，不违农时；往来运输也没有中断。后来朝廷命各州将江淮地区的粮谷运到大都，卫辉路需运粮15万石，董文用说："民籍可役者无几，且江南风水，舟不能以时至，而先为期会，是未运而民已困矣。"于是邀请周围各路长官会商，实施驿置法，使百姓免受骚扰。

董文用任礼部尚书，知秘书监时，中书右丞卢世荣因为善于搜刮钱财而得到元世祖宠信。他暗中与一些贪私阴险之徒结成私党，想方设法盘剥百姓，以邀取功名，还大言不惭地说："我立法治财，视常岁当倍增，而民不扰也。"元世祖听信他的话，下令群臣商议。众人慑于卢世荣的气焰，都不敢表示异议，而董文用质问卢世荣道："此钱取于右丞之家耶？将取之于民耶？取于右丞之家，则不敢知；若取诸民，则有说矣。牧羊者，岁尝两剪其毛，今牧人日剪其毛而献之，则主者固悦其得毛之多矣，然而羊无以避寒暑矣，即死却尽，毛又可得哉！民财亦有限，取之以时，犹惧其伤残也。今尽刻剥无遗，犹有百姓乎！"一番话问得卢世荣哑口无言。丞相安童当时在坐，称赞董文用说："董尚书真不虚食俸禄者。"与会大臣对董文用说："君以一言，折聚敛之臣，而厚邦本，真仁人之言哉。"

董文用在朝中任官，一贯以惠民便民为居官的原则，朝廷中凡有不利于百姓的政策，他都极力谏净。出外任官，则多行惠政。至元二十二年（1285年），他出任江淮行中书省参知政事。元世祖下令在宋朝故宫旧址上修建佛塔，负责的官员全力督办。当时正下大雪，天冷路滑，工

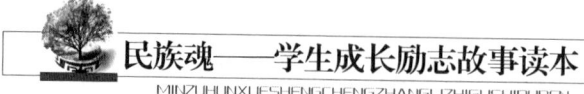

匠们进山伐木，冻死者达数百人。而官员督责建寺，毫不松懈。董文用见主持者过于严酷无情，便说："非时役民，民不堪矣，少徐之如何？"主持官员则说："参政奈何格上命耶？"他回答说："非敢格上命，今日之困民力而失民心者，岂上意耶！"那个官员无话可说，只得宽限工期，不再逼迫民工入山伐木。

心灵物语

董文用出身官宦人家，但他任官知道爱民，解民疾苦。他任职朝官时，能够不惧权臣，反对诛求盘剥百姓，其精神亦有可嘉之处。

史海钩沉

四大汗国

成吉思汗建立的蒙古帝国，在他的孙子们时最终定型。由于蒙古实行的是幼子继承制，因此以中国的元朝帝国为大汗辖区。另外，还有服从大汗宗主权的四个相对独立的国家，即四大汗国，分别为金帐汗国、察合台汗国、窝阔台汗国和伊儿汗国，后来的"联邦"便类似于这种情况。

文苑荟萃

《成吉思汗法典》

《成吉思汗法典》颁布于1206年，在当时的大蒙古国具有最高权威性，也是大蒙古国的根本大法。

《成吉思汗法典》的古本在元末明初的战乱中被毁，失传了600多年，其内容也多散落于众多史料中。由于史料文献多、杂而且涉及英文、古体蒙古文、现代蒙古文、汉文等八种文字，所以研究起来难度极高，此前尚没有学者或研究机构能完整地重构这一部鸿篇巨制。

 # 盖苗受百姓爱戴

> 盖苗（生卒年不详），字耘夫，元朝大名元城人。1314年（延祐元年）进士，授济宁路单州判官。他为官清正，爱怜百姓，是著名的良吏。

延祐五年（1318年）盖苗登进士第，被授予济宁路单州判官之职。随后，单州遇到灾荒，灾情呈报郡府，知州又派盖苗到户部去呈请赈济。盖苗遂怀揣糠饼，慷慨赴京。开始户部多方刁难，不予答复。于是盖苗便伏在中书堂下，拿出糠饼，悲痛激昂地说："济宁路的百姓大都吃这种糠饼，况且还有很多人连这饼子也吃不上了，怎么能坐视百姓饿死，不救济他们呢？"说着随声泣下。这时，中书省才改变了态度，答应盖苗的请求，单州和济宁路的饥民得到了赈济。当时单州官仓里有陈谷500石，有的已经发霉，他便把这些粮食借给饥民，等到秋后再偿还官府。可是到了秋后，百姓仍在挨饿，无力偿还，郡府勒逼，催得很紧，户部的使者也责备单州知州。这时盖苗挺身而出，对使者说："官粟实是我负责借给百姓的，现时百姓仍在挨饿，实在还不起，我情愿代百姓偿还。"使者便不再责逼了。

盖苗上任后，除赈救饥民外，还为百姓做了许多好事。当时州里关押着很多囚犯，长年不决；盖苗请知州赶快判决，免得无辜者久系牢狱。知州却推托上级未有指示，拖延不决。盖苗说："设使者有问，请

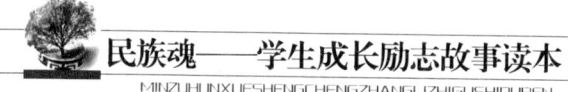
身任其责。"知州这才勉强采纳他的建议。后来部使者审查卷宗也没有挑出什么毛病。单州的税粮，照规定每年都要运到馆陶（今河北省南部）的粮仓，两地相距500里之遥，百姓肩挑畜驮，搞得困苦不堪。此年秋天，馆陶大丰收，盖苗带着百姓到馆陶买粮入仓，以代税粮，这种办法，比把粮食运到馆陶要节省民力百分之五十。

元文宗天历初年，文宗下诏把他即位前在建康（今江苏省南京市）的王府扩建为佛寺，务求华丽壮观，因此要毁掉70多户民宅。文宗派御史大夫负责此事。当时盖苗任江南行御史台监察御史，知道此事后，便密奏文宗，书中说："臣闻使民以时，使臣以礼，自古未有不由斯道而致隆平者。陛下龙潜建业之时，居民困于供给，幸而获睹今日之运，百姓跂足举首，以望非常之恩。今夺农时以创佛寺，又废民居，使之家破产荡，岂圣人御天下之道乎？昔汉高帝兴于丰、沛，为复两县，光武中兴南阳，免税三年，既不务此，而隆重佛氏，何以满斯民之望哉！且佛以慈悲为心，方便为教，今尊佛氏而害生民，无乃违其方便之教乎？"

书呈不久，文宗便下令停止修建佛寺。

至元元年（1264年），盖苗出任亳州（今安徽亳县）知州。州中50余户百姓上诉控告豪强恶霸强占民田。盖苗立即受理审讯，恶霸只好退还侵吞的土地。

此外，盖苗还做了很多安民爱民的好事。如至正年间，他出任山东廉访副使，就为当地民众办了一件大好事。益都、淄（今山东淄博市）、莱（今山东掖县）等地以前产黄金，朝廷在这里建一府六所总揽其事，但金矿经多年开采，资源匮乏，百姓只好用钱买黄金交官，搞得困苦不堪。谁要是得罪地方官吏，他们便会说你家里有金矿，派人前来掘地，不挖出水来不罢休，对这些奸猾的官吏，百姓都不敢招惹，只好送钱送物把他们赶紧打发走。这种状况到盖苗上任时，已持续了60年之久。盖苗得知此事，立即上书朝廷，建议停止采金，一方百姓因此才得以免除盘剥勒索之苦。

□心灵物语

　　盖苗在各处任地方官多年，所到皆以安民、爱民为本，深受百姓爱戴。以善为本，把百姓的生活困苦记在心上，盖苗一生以此为大。

□史海钩沉

延祐经理

　　延祐经理是元代的元仁宗延年间采取的清查田亩的措施。延祐元年（1314年），鉴于当时的田亩制度"欺隐尚多，未能尽实"，导致国家"岁入不增"，元仁宗便采纳了中书平章政事章间的建议，行经理之法，即查核土地田亩数额与理算租税钱粮，并对隐漏田产追征租赋。于是，便派章间、陈士英等人分别前往河南、江浙、江西等省督办，并责成行御史台及枢密院给予行政和军事协助，采取"揭榜于民，限四十日，自实于官"，严令百姓在限期内向官府申报本户的田亩数量，作弊者将依法治罪。

　　在这一制度实施过程中，官吏贪刻，以无为有，妄增亩数，而很多富民却因贿赂官吏隐瞒田产，使得人民深受其害。江西赣州蔡五九等人聚众起事，受害农民纷起反抗。元仁宗迫于形势，只好停止经理制度，减免所查出的漏隐田亩租税。延祐经理制最终以失败告终。

 # 王克敬的爱民之心

> 王克敬（1274—1334年），字叔能，大宁人。生于元世祖至元十一年，卒于惠宗元统二年，享年61岁。王克敬幼奇颖，丞相完泽见之，曰："是儿资貌秀伟，异日必令器也。"历任江浙行省左右司都事，监察御史，出为两浙盐运使，所在务崇宽厚。累迁南台治书侍御史，以正纲纪自任；不纵贪墨，不阿宗戚，声誉益著。元统中，以江浙参政请老。卒，谥文肃。克敬喜读书，有诗、文、奏议《元史本传》行于世。

元代的盐业由国家控制，盐的生产和销售都由朝廷所设官府管理，这些机构称作盐使司或盐课提举司，下辖盐场。制盐工人则称作盐户（灶户），他们要按规定的数量交盐，不得私自销售，得到的工本钱只有盐价的五分之一甚至七分之一，还要受到贪官污吏的盘剥克扣。盐民因此苦不堪言，毫无积极性可言。当时绍兴路是产盐区之一，百姓按人口交盐，各级官吏趁机盘剥。

泰定年间，王克敬任绍兴路总管，上书请求减少盐的定额五千引，盐运司不从，王克敬叹息说："使我为运使，当令越人少苏矣。"后来，他真的被任命为两浙盐运司使，上任后第一项措施便是减去绍兴路食盐五千引。当时温州官府逮捕一妇人，声称是贩运私盐者，带至盐运司处置。王克敬得知此事后大怒说："岂有逮妇人千里外，与吏卒杂处者，污教甚矣！自今毋得逮妇人。"并建议朝廷定为制度。

王克敬任官以便民为先。延祐四年（1317年）他任江浙行省左右都事时，到四明监与倭人互市。原先，监市者以倭人居心难测，恐有突然之变，故严兵守卫，如临大敌。王克敬则单车前往，以恩德抚慰，倭人都安心贸易。当地有人随军征讨日本，被倭人俘虏，回国后，听说王克敬是个清官，便前来相投，表示愿返本乡，又怕受当地官员迫害。王克敬说："岂有军士怀恩德来归而不之纳邪！脱有衅，吾当坐。"朝廷知道这件事后，对王克敬大加褒奖。王克敬任职江浙时，鄱阳（今江西省波阳县）大饥，鄱阳路总管王都中开仓放粮，赈济灾民。行省官员欲治以矫制之罪，王克敬说："鄱阳距此千里，彼待命，民且死，彼为仁，而吾属顾为不仁乎！"王都中因此得以幸免。

元统初年（1333年），王克敬出任江浙行省参知政事。当时松江（今上海市松江县）地区有大姓人家为得朝廷恩宠，每年向朝廷进献万石漕米。此人死后，子孙不守产业，家道衰落，但官府仍然按以前的数额征收粮米，缺额便摊派在松江地区的田赋中，百姓无形中又增加了负担，搞得当地百姓苦不堪言。王克敬知道此事后说："匹夫妄献米，徼名爵以荣一身，今身死家破，又已夺其爵，不可使一郡之人均受其害，国用宁乏此耶！"当即下令免予征收这部分漕米。江浙地区大旱，朝廷下令减民田租，只有长宁寺的田租不减，王克敬立即向中书省呈文，请求一律减免。

王克敬任职多年，"历官所至，俱有政绩可纪，时称名卿"。每到一地，皆以除弊惠民为施政原则，即使违逆上司也在所不惜。他曾对人说："世俗喜言勿认真，此非名言。临事不认真，岂尽忠之道乎"。

■心灵物语

王克敬任职多年，"历官所至，俱有政绩可纪，时称名卿"。每到一地，皆以除弊惠民为施政原则，即使违逆上司也在所不惜。他曾对人说："世俗喜言勿认真，此非名言。临事不认真，岂尽忠之道乎？"可以看出王克敬的爱民之心。

■史海钩沉

元末农民大起义

元朝末期，阶级矛盾和民族矛盾日益尖锐，最终导致了元末农民起义。这次以红巾军为主力的农民起义军，沉重地打击了元朝的统治，为朱元璋最后推翻元朝建立明朝创造了条件。

元朝后期，以蒙古贵族为主的统治阶级，对各族尤其是汉族人民的掠夺和奴役十分残酷。他们疯狂地兼并土地，将广阔的良田变为牧场。大地主们也"广占土地，驱役佃户"，农民失去土地沦为奴婢。元朝统治者更是挥霍无度，政府财政入不敷出，滥发货币，祸国殃民。加上黄河连年失修，多次决口，更是民不聊生，遍地都是"饿死已满路，生者与鬼邻"的悲惨局面。反抗的烈火在人民心中逐渐燃起。

至正十年（1350年）底，元顺帝决定变更钞法，滥发纸币，导致物价飞腾，促使元末社会矛盾进一步激化，最终引发了北方白莲教的首领韩山童及其教友刘福通的武装起义。

刘福通是颍州（今安徽阜阳）人，韩山童是河北永年人，两人一直在北方地区秘密传教。至正十一年（1351年）五月初，韩山童、刘福通聚众三千余人，在颍州颍上杀黑牛白马，誓告天地，准备起义。刘福通宣称韩山童为宋徽宗八世孙，当为中国主，并称自己是南宋名将刘光世的后代，当辅之。然而，这次起义却因事前泄密，遭到官府的围剿，韩山童牺牲。刘福通突围后，将起义群众重新组织起来，一举攻克颍州（今安徽阜阳）。因起义军都头裹红巾，故称"红巾军"；而且起义军多为白莲教徒，烧香拜佛，故又称"香军"。

红巾军占领颍州后，元廷遣枢密院同知赫厮、秃赤率阿速军及各路汉军前往镇压，被红巾军打败。接着，红巾军占领亳州（今安徽亳州市）、项城（今河南项城南）、朱皋（今河南固始北）等地。九月，克汝宁府，又占领了息州（今河南息县）、光州（今河南潢川）等地，人数已达十余万。

为推翻元朝的反动统治，起义军提出以"明"斗"暗"（"明"指起义军，"暗"指元朝统治）的口号，鼓舞群众与封建官府作斗争。北方红巾军从至正十五年（1355年）开始主动出击。二月，刘福通将韩山童的儿子韩林儿迎至亳州，立韩林儿为"小明王"，国号"大宋"，年号"龙凤"，建立了北方红巾军的革命政权。刘福通任枢密院平章，不久后又任丞相。

至正十八年（1358年）五月，刘福通率部攻克汴梁，定为宋政权都城。这时，红巾军的势力已"东逾齐鲁，西出函秦，南过闽广，北抵幽燕"，达到了极盛时期。

而此时，元朝统治者急得如热锅里的蚂蚁，先派遣的回军、汉军溃败后，又派御史大夫也先帖木儿带兵镇压，结果又大败而归，军资兵器几乎丢光。元朝统治者搜罗一切反动力量，孤注一掷，从各处向红巾军扑来。由于兵力分散，起义军缺乏巩固的根据地，又缺乏周密的作战计划，起义军所占之地也往往得而复失。三路大军北伐也相继失利，形势瞬时逆转。至正十九年八月，汴梁城破，刘福通保护韩林儿冲出重围，逃奔安丰。至正二十三年二月，早已占领了濠州的张士诚攻破安丰，义军领袖刘福通遇难，中原地区的红巾军也被地主武装镇压下去。至此，红巾军建立的韩宋政权结束。

与此同时，南方的朱元璋起义军却发展迅速。朱元璋原是郭子兴红巾军部的左副元帅，后来独树旗帜，背叛农民军，成为地主阶级的代理人。1368年正月，朱元璋在南京称帝，建元洪武，国号大明。元王朝在各地农民军打击下，终于走向了灭亡。

方太守为民免税

方克勤（1326—1376年），字去矜，号愚庵。因曾任山东济宁知府，故又称方济宁。宁海缑城人。

明洪武四年（1371年），一个名叫方克勤的官吏来到山东济宁府任上。饱经战乱的山东，虽经四年新朝之治，却依然满目疮痍，田地荒芜，百姓流移，一片凄凉。

这实在有些出乎意料。因为早在洪武元年（1368年）八月颁布的《大赦天下诏》中，明太祖就明文宣布："各处荒闲田地，许令诸人开垦，永为己业，与免杂泛差役，三年后，并依民田起科租税。"

三年免征，应该足以使人乐于耕垦了，可是为什么这里仍田地荒芜呢？

方克勤经过调查发现，原来是官府的吏员们在作怪。他们看到农民垦荒成熟，有所收获，便要眼红，也不管诏书所定三年免征，随意征索。农民们看到这样的官府，都说："诏旨无信。"索性弃田不耕，耕好的田地又荒芜了。

了解到这种情况后，方克勤便把百姓召集起来，向他们重申皇帝的诏令，又与他们重定民约，除去三年免征外，还规定："俾以男丁定徭，著册，书列民之丁产，为上中下等，下等析之三则，每有征发，自上定之。"这样一来，那些污吏无从为奸，百姓也能安于生产，结果"野以

日辟"，生产逐渐恢复了。

　　方克勤虽然是一位名儒，但他既任知府，便抛开文人习气，每到农忙季节，他都要亲自到乡间地头，劝督农家耕种。冬季当地百姓有运戎服到北平（今北京）的徭役。过去都是以牛车运送，遇到冰雪天气，牛死人困，十有八九破产难归。方克勤听从当地百姓之议，改以舟运，甚为民利。看着他郡役民以车牛赔累的情况，济宁的百姓不由得指天落泪道："活民者，方使君也。"

　　有一年五六月间，正是农忙季节，当地指挥使倚仗权贵支持，硬派万余民夫筑城。百姓眼看田里农活无着，边哭边被逼筑城，声闻数里。方克勤忧愤不食，说道："民病不救，焉用我为！"当即上书朝廷，有些官员怕得罪权贵，不敢在书上署名，方克勤便一人署名而上。朝廷见书，诏罢筑城之役，百姓无不欢呼雀跃，当日大雨如注，旱情又解。这一年，济宁大获丰收。百姓们编了歌谣唱道：

　　　　孰罢我役？使君之力。

　　　　孰活我黍？使君之雨。

　　　　使君勿去，我民父母。

　　方克勤在济宁四年，他初来时，当地仅三万户，税粮万石。到洪武八年（1375年），人户增加到六万户，税粮增加到14.47万石。二州十县之内，"狱无滞囚，郡狱几空，民有积粟，野无饿殍。鸡犬牛羊，散被草野，富庶充实，俨如承平之世"。

　　除去生产之外，方克勤也注重百姓生活，他让百姓编民居为曹，遇有火警，互相救援，保证了人民生活安定。

　　方克勤为官数年，无一日之闲。公务少时，便坐堂上召诸吏，教以诗书法律。明初以军功为要，魏国公徐达、曹国公李文忠都曾过境征索军粮，方克勤从容酬决，不损百姓，又能应军需之用。永嘉侯朱亮祖以舟师过境，水涸舟胶，召命济宁府以5000名民工浚河，方克勤不欲劳民，准备以身当之。碰巧当夜大雨，舟师竟顺利而去。

史书中说方克勤："自奉简素，一布袍十年不易，日不再肉食。"

可是，就是这样一个为民爱戴的官吏，却被郡内奸吏所忌恨、诬告，并因此获罪被杀。

济宁百姓听到方克勤遇害的消息，无不悲痛，奔走家门外，放声痛哭。这应该算是人民给予他的最公正的评价吧！

■心灵物语

人民的眼睛是雪亮的。一个受人爱戴的官吏，无论被怎样诬陷、嫉恨，但是在人民心中，总会得到公正的评价。

■史海钩沉

空印案

空印案是明代初期朱元璋严惩地方计吏预持空白官印账册到户部结算钱谷的重大案件，发生在洪武十五年（1382年）。

明初规定，每年各布政使司、府、州、县都需要派遣计吏到户部，呈报地方财政的收支账目及所有钱谷之数。府与布政使司、布政使司与户部的数字必须完全相符，稍有差错，就会被驳回重造账册，并须加盖原衙门官印。各布政使司计吏因离户部道远，为避免往返奔走，就预持盖有官印的空白账册，遇有部驳，随时填用。这些空白账册盖有骑缝印，不能作为他用，户部对此也从不干预。洪武八年（1375年）考校钱谷书册，明太祖得知空印之事后大怒，下令严办，导致自户部尚书至各地守令主印者都被处死，佐贰以下杖一百，充军边地。这一案件有关者也多不得免，被杀者达数百余人。

□文苑荟萃

《明史》

　　《明史》是二十四史的最后一部，共 332 卷，包括本纪 24 卷，志 75 卷，列传 220 卷，表 13 卷。

　　《明史》是一部纪传体明代史，记载了自朱元璋洪武元年（1368 年）至朱由检崇祯十七年（1644 年）中 200 多年的历史。《明史》的卷数在二十四史中仅次于《宋史》，但其修纂时间之久、用力之勤却大大超过了以前诸史。修成之后，得到了后代史家的好评，认为它超越了宋、辽、金、元诸史。清史学家赵翼在《廿二史札记》卷 31 中说："近代诸史自欧阳公《五代史》外，《辽史》简略，《宋史》繁芜，《元史》草率，惟《金史》行文雅洁，叙事简括，稍为可观，然未有如《明史》之完善者。"

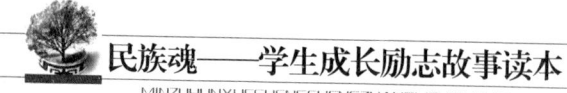
 # 陈瑸为官慈惠利民

> 陈瑸(1656—1718年),字文焕,广东省雷州市附城南田村人。清康熙三十三年(1694年)举进士,翰林院编修,历任福建古田、台湾知县、湖南巡抚、福建巡抚、闽浙总督等职。一生清正廉洁,勤政爱民,康熙皇帝称之为"清廉中之卓绝者",与于成龙、施世纶等同为当朝名臣,跟海瑞、丘浚合称岭南三大清官。目前,在雷州市境内有关陈瑸的古迹主要有三处:陈瑸故居、陈瑸墓、陈清端公祠。

"知谋国而不知营家,知恤民而不知爱身"。这是陈瑸死后,人们对他为官一生的热情赞颂。

康熙三十三年(1694年),陈瑸中进士。康熙三十九年(1700年),任福建古田知县,从此步入仕途。

康熙四十一年(1702年),陈瑸调迁台湾令,隶福建省。台湾是从荷兰殖民者手中收回的,时间不长,列入大清版图仅20年。由于四面环海,与外界隔绝,交通十分不便;加上番民杂处,生产力低下,经济、文化都处于一种蒙昧状态,迫切需要一名出色的地方官来治理。

陈瑸上任后,五年中"以兴贤育才,劝相农桑为先""去弊务尽",杜绝贪污、受贿、请托等不良风气,使吏治很快改善。他还关心民间疾苦,重视耕读。常常深夜微服出行,询问父老疾苦,减轻百姓负担。时人说他"渡海以来，美政相绩"，受到台湾百姓的爱戴。为其作《功德碑》的张雄记载道："台之父老颂公之功，感公之德，咸忻欣然不惜波涛之苦，相与渡海东来，扶杖，至止恳恳为余言，惟恐上考荣迁，不得长蒙其治化。"当陈璸调离台湾时，台湾的百姓们念念不舍，以至"辕扳辙卧，不遂借寇"。康熙四十九年（1710年）陈璸调补台厦道，再莅台湾，莅台之日"欢声腾沸，遍道聚迎"。

陈璸赴台厦道视事之后，即革除积弊数十端，"巨奸豪蠹，敛迹远窜"。为使政治清明，他以身作则。当时居官，应得公俸银三万两，他悉屏不取，全部捐于修炮台等公事。官庄岁入，陈璸悉以归公，秋毫不染。生活上，他"衣御布素，食无兼味"。凡是有益于百姓的事，他总是努力去做。

陈璸还建社仓以备灾荒，亲去郊野询访疾苦。康熙五十三年（1714年）岁荒，他履田间勘察，根据灾情，尽量减少百姓田赋，或请蠲，或缓征；对街坊市肆，他着意整顿，使市场繁荣，贸易杂货，"供亿无间"，改变灾年的萧条局面。

台湾环大海而阻巨洋，番民杂处，经济、文化都很落后，文明开化程度也很低。陈璸着意"兴学广教"，发展文化教育事业。他常常"夜躬巡，闻读书声，则重奖之"。经他的苦心努力，使"海外蒸蒸然向化"，台湾的社会风气迅速开化进步。

康熙五十二年（1713年），陈璸任台厦道三年秩满调迁，台湾百姓纷纷到县署恳求留任。得到批准后，"民呼万岁"。第二年，康熙帝特别提升陈璸为偏沅巡抚。台湾百姓得知消息悲喜交集，高兴的是陈璸超迁，悲哀的是陈璸将离台而去。陈璸一生不以富贵撄心，不以居官自利，始终过着清寒的生活。"居止皆于厅事，昧爽治事，夜分始休"。对政事，勤勤恳恳，严守本职，毫不懈怠，"其劳于事也，鸡鸣而起，夜分不寐，连餐盱食"，死后，陈璸"一绨袍，复以布衾而已"，致使"同僚入视者，莫不感泣"。

■心灵物语

陈瑸为官廉明正直，慈惠利民，兴化易俗，给百姓带来生活上的安定，减轻了租税负担，促进了经济的发展。正因为如此，陈瑸受到百姓的尊敬和爱戴。

■文苑荟萃

诉 灾

（清）陈 瑸

水灾见惯被东洋，忍睹今遭更可伤。

万顷新苗归赤地，千村残月梦黄粱。

处堂春燕巢林木，肃羽哀鸣叫远乡。

明府殷勤犹下问，孑遗何计度年荒。

第三篇
为官尽责为民请命

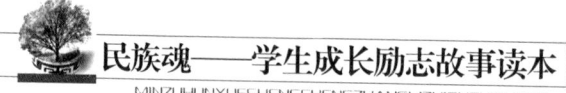

 # 倪若水为民上奏

> 倪若水（661—719年），字子泉。唐代恒州藁城人，进士出身，开元初官至中书舍人、尚书右丞，后调其出京，任汴州刺史。期间，修孔庙，倡教育，兴办州学、县学，汴州百姓称颂不已。

敢于为民请命是中国古代清官共有的美德。如果民间有冤屈苦衷，地方官不代他们陈奏申诉，百姓就只有听凭宰割，束手待毙了。在2000多年的封建社会里，老百姓也一直习惯于把地方官看成自己的父母官。有句俗语说"当官不为民做主，不如回家卖红薯"，就是讲的这个道理。开元初年，唐玄宗兴师动众采禽鸟，就是由一个叫倪若水的州刺史上言谏止的。

唐玄宗开元初年，倪若水入京为中书舍人、尚书右丞，后出任汴州刺史。倪若水为政清简，奉职尽责，尤其善于安抚百姓。他当刺史的时候，州境内秩序稳定，百姓安居乐业，没有扰民害民的事情发生，在当地颇受称颂，是一位远近闻名的贤吏。

唐玄宗开元四年（716年），玄宗命令宦官到江南采办鹨鸲、鹨鹅等珍奇水鸟，想作为宫中的玩物。历代帝王为了享乐，常常派人到各地为宫廷采办各种稀世珍宝及名贵特产，上自金银器皿、珠宝首饰或碧玉玛瑙制成的工艺品、装饰品，下到奇花异石、鸟兽鱼虫，以及佳馔珍果，无所不包,不一而足。不要说那些金玉奇宝有多么名贵,就是精美的针织刺绣品也件件价值连城。这些都凝聚着百姓的血汗。此外,采办使者一路上衣食住行、车马舟楫,都取自民间,所费难计其数。若再加上他们沿途强夺索拿,以及地方官的借机敲诈,更是雪上加霜。因此,每次宫中采办宝物,都是对沿途各地的一次浩劫。百姓深受其害,苦不堪言,可又没有人敢冒杀头之罪出面制止。

这一次,为玄宗采办水鸟之物的使者浩浩荡荡出了京城,一路南下,途经汴州。倪若水得知此事后,决定冒死劝谏玄宗取消这次害民扰民的采办。他上奏玄宗:"现在正逢夏忙季节,农夫辛辛苦苦地耕耘,农妇忙忙碌碌地采桑。在这个时候派人采捕奇禽异鸟,供宫廷中赏玩,要从很远的江南岭外运回京城。水路要准备舟楫,陆路要人扛肩挑,还要喂食鱼肉稻米。沿途的人们看了,岂不要认为皇上轻贱人而偏爱鸟类吗?皇上您现在已经把凤凰当作普通的鸟类,麒麟为普通的兽类,就是鸡鹃、鹨鹅之类,有什么值得珍奇的?皇上过去没正式定为皇位继承人时,住的宅第、过的生活都很简朴。现在当上皇帝了,成为一国之尊,金银财宝和宫女充满了后庭,各地上贡的珍奇之物堆满了府库,还有什么可求的呢?"在奏折的后面,倪若水冒死进谏道:"臣承国厚恩,超居重任。草芥贱命,常欲杀身以效忠;葵藿微心,常愿隳肝以报主。瞻望庭阙,敢布腹心,直言忤旨,甘从鼎镬。"玄宗看了奏折,感觉说到了要害,同时也被倪若水的毫无隐讳、忠直诚恳所打动,于是亲笔写了一道诏书,说原先只想派使者采办少量的杂鸟,但使者不领会意图,搜求越来越多。现在已经处罚了负责采办的使者,采来的禽鸟也都放了。同时还赐给倪若水40匹帛,以示对他敢言直谏的奖励。

□心灵物语

倪若水一生历任很多官职,也办了不少事,但他似乎仅以此事流芳后世。可见为民请命、兴利除弊的官吏,必然会被百姓怀念。

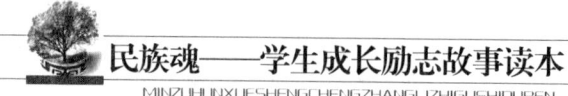

史海钩沉

金华始祖倪若水

倪若水于唐玄宗开元二年（714年）任汴州刺史。倪若水到任后，开始兴修孔庙，推行教育。后来，他迁到浙江的金华府定居。从此，倪氏根基磐固，人丁兴旺，派裔鼎盛，其后代遍布山东、河南、浙江、安徽、湖北、湖南、贵州、云南、四川、江西、福建、广东等省地。后世倪氏雅称"金华世家"便由来于此，因此倪若水也被尊为倪氏的金华始祖。

文苑荟萃

倪若水

（宋）徐　钧

人重朝班恶外迁，一时荣擢似登仙。

谁知鼙鼓渔阳祸，不在朝廷却在边。

 # 李皋冒死赈灾救民

李皋（733—792年），字子兰。天宝十一载（752年）嗣封曹王，由都水使者迁左领军将军。曾任衡州、潮州等地刺史，所至有善政。建中三年（782年），为江南西道节度使，拔擢牙将伊慎等为大将。会李希烈叛，他率军进讨，收复黄、蕲等州，屡战有功。后转任江陵尹、荆南节度使，在江陵（今属湖北）修复古堤，开辟良田千顷。曾设计制造战舰，用肢踏木桦为推进机，航行速度加快，宋代称为"车船"。

中国封建社会虽谈不上什么法治，但有些规定是非常严格的，不准触犯违反。例如，凡有大事若是没有得到上司允准，便不能随便办理，否则就要落个"专擅"的罪名。尤其是本应按皇帝的诏书才能办的事，若是木接"圣旨"而先行，便会惹来杀身之祸。然而，唐肃宗的时候，出了一个不怕杀头、擅贷赈灾粮、救民于水火的李皋。

李皋是唐朝皇室的后裔。他的祖父为武则天所杀，家中壮者诛死，幼者没官为奴。直到唐中宗以后才得以恢复封爵，玄宗时开始担任官职。

唐肃宗上元初年，李皋任温州（今浙江温州）长史，不久就兼管全州的政事。安史之乱以来，温州屡遭战乱，生产受到很大破坏，百姓饥寒交迫，家无隔夜之粮。李皋上任时，又遭逢大旱灾，州境颗粒无收，

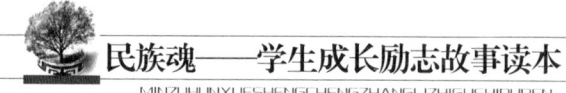

粮食贵得惊人，一斗米值数千钱。饥民奔走呼号，四处求食而不得，饿死的人越来越多。而官府的粮仓里却存有数十万石粮食。

李皋于赴任的路上，已目睹了饥民饿死路旁的惨状，心急如焚。他一到州府衙门，连满是尘土的衣服都顾不上换，便带领手下人砸开粮仓门锁，传令开仓贷给饥民粮食。他的下属深知此事非同小可，搞不好要杀头，于是纷纷跪在官署前连连叩头，劝李皋先奏报朝廷，等候皇帝颁旨再开仓发赈济粮。李皋说："百姓再没有吃的，就要饿死，人命关天，哪还有时间向上请示和等候圣旨？假如杀了我一个人，而救活成千上万的百姓，我死也值得！"于是把粮仓里的粮食都贷给百姓。事后他马上按擅自开仓赈济的罪名上报朝廷请求处罚。因为是急于救饥民，肃宗不但没问罪，反而嘉奖了他。由于李皋及时贷粮赈饥民，救活了数十万人。

救民安民是李皋的一贯做法。贞元初年他任江陵尹，当时江陵东北境有两大片土地紧靠汉水古堤，古堤年久失修，每到夏季河水上涨溢出堤坝，淹没两片田地，以致田地荒芜。李皋组织百姓修堵古堤，挡住河水，得良田五千顷。他允许流民自占田地垦种，又在江南废洲上盖起房舍，安顿了百姓2000余家。

心灵物语

李皋身为皇族，生长在开元"盛世"，安史之乱时与母亲逃入民间，目睹下层人民生活困苦的景象。这些经历使他能够体察百姓的疾苦，因此也为百姓办了实实在在的好事。尤其是他冒死赈灾救民的义举，并不是所有的良吏都能做到的。后来，他也因此受到世人的赞扬。

□史海钩沉

李皋发明轮船

"轮船"一词始于我国唐代。它的出现,与船的动力改革有很大的关系。

唐代时期,李皋发明了桨轮船。他在船的舷侧或舣部装上带有桨叶的桨轮,靠人力踩动桨轮轴,使轮周上的桨叶拨水推动船体前进。由于这种船的桨轮下半部浸入水中,上半部露出水面,因此也被称为"明轮船"或"轮船",以便与人工划桨的木船、风力推动的帆船等加以区别。

后来,螺旋桨推进器取代了桨轮,这种"明轮船"便被淘汰了。但由于称呼上的通俗和习惯,用螺旋桨推进的船仍称为"轮船",并沿袭至今。

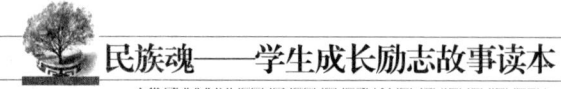
 # 张建封为民进谏

> 　　张建封（735—800年），字本立，邓州南阳人，寓居兖州。生于唐玄宗开元二十三年，卒于德宗贞元十六年，享年66岁。德宗时期，李希烈反，建封拒战有功，拜徐、泗、濠节度使。贞元中来朝。时宦者主宫市，谏章列上皆不纳；建封得谏言之，帝颇顺听。及还镇，帝赋诗以饯，又以鞭赐之。后以病求代，代者未至而卒。建封著有文230篇，《新唐书艺文志》传于世。

　　唐代著名诗人白居易曾写过一首脍炙人口的诗篇《卖炭翁》，诗中对卖炭翁辛辛苦苦烧成一车炭拉到市场上卖时曾这样写道：

> 　　翩翩两骑来是谁，黄衣使者白衫儿。
>
> 　　手把文书口称敕，回车叱牛牵向北。
>
> 　　一车炭重千余斤，宫使驱将惜不得。
>
> 　　半匹红纱一丈绫，系向牛头充炭直。

　　这首诗是抨击唐德宗时期宫市害民现象的。与此同时，还有一位官员敢于当面向德宗揭露宫市害民的弊端，他就是徐州刺史张建封。

　　张建封任寿州刺史时，曾为抵御李希烈叛乱立有大功。德宗贞元四年（788年）起任徐州刺史，政绩显著。

　　德宗贞元时期，后宫所用的物品都取买于集市，称为"宫市"，以宦官充当宫市采办使。采办使在长安东、西市场安置几十上百人挑选货物，这些人叫"白望"。他们也不带宫中的文书，张口便称宫市，真假难辨。没人敢问他们从哪来，也不敢争论价格的高低。他们用破旧衣服和撕成不同尺寸的绢帛作价强买，还不到货物十分之一的价格。买下东西后，他们让卖主将货物送进宫，还要索取进宫时的进门费和搬运货物的力资。有的卖主带着货物入市，最后两手空空地回去。名为宫市，实际上是强夺。每当宦官、白望一出动，搅得市场上人心惶惶，卖浆售饼的小商小贩纷纷收市关门。有的商人有了好货只好隐姓埋名，躲到小巷子里去卖，把好的货物收起来，只摆出些破破烂烂不成样子的，以免被宦官勒索。当时曾发生过这样一件事：尝有农夫以驴驮柴，宦者市之，与绢数尺，又就索门户，仍邀驴送柴至内。农夫啼泣，以所得绢与之，不肯受，曰："须得尔驴。"农夫曰："我有父母妻子，待此而后食。今与汝柴，而不取直而归，汝尚不肯，我有死而已。"遂殴宦者。街使擒之以闻，乃黜宦者，赐农夫绢十匹。

这件事情闹得满城风雨，虽然最后宦官受到了处罚，可宫市这件事仍然一如既往。

朝中尽人皆知宫市害民，也曾有谏官上奏陈述利害，但德宗却置若罔闻。贞元十三年，张建封入京觐见皇帝，因为他是很有名气的地方官吏，立过大功，所以受到德宗很高的礼遇。张建封决定利用入朝的机会当面向皇帝进言。他把宫市扰民害民的种种弊端详详细细上奏给德宗，言辞恳切，切中要害，德宗听了之后很以为然。可惜由于宦官势力的干扰，德宗没能马上采纳张建封的建议。直到德宗死后，唐顺宗即位，才宣布罢宫市。

▊心灵物语

张建封所谏之事虽未实施，但正是由于他和其他大臣们不断地进谏，晓以利害，才形成一股强大的声势，终使这一为百姓深恶痛绝的弊端得以废除。

■史海钩沉

张建封与燕子楼

唐贞元年间（801年），朝廷重臣武宁军节度使张愔（字建封）镇守徐州时，在府第中为爱妾关盼盼修建了一座小楼。由于小楼飞檐挑角，形如飞燕，而且年年春天都有南来的燕子栖息于此，故名燕子楼。

关盼盼是唐代彭城人，大约生活于唐代贞元、元和年间，是一位能歌善舞、精通管弦、工诗擅词的才女。这位良家少女因出身寒微而隶身乐籍，以声乐事人。后来，她被张建封以重金购得，又经过一番专门的训练，成为一代名妓。关盼盼能舞唐代著名的《霓裳曲》，舞姿轻盈柔美，婀娜动人。她的歌喉圆润，声音清丽，诗人张仲素称之为"歌尘"，说她唱起歌来，音调抑扬跌宕，清脆激越，其势可以阻遏天边的流云，冲击起雕梁上的暗尘。

关盼盼还是一位富有音乐天赋的管弦里手，对玉箫、琴瑟一类乐器都相当精通，吹奏弹拨起来音调和谐，优美动听。她经常与当时的一些文人雅士交往，向他们学习诗词歌赋，并渐渐通晓韵律，终至成为一名著名的女诗人。关盼盼写诗有300多首，名为《燕子楼集》，可惜未能传世。

■文苑荟萃

永遇乐·夜宿燕子楼

（宋）苏　轼

明月如霜，好风如水，清景无限。
曲港跳鱼，圆荷泻露，寂寞无人见。
统如三鼓，铿然一叶，黯黯梦云惊断。
夜茫茫，重寻无处，觉来小园行遍。
天涯倦客，山中归路，望断故园心眼。
燕子楼空，佳人何在，空锁楼中燕。
古今如梦，何曾梦觉，但有旧欢新怨。
异时对，黄楼夜景，为余浩叹。

赵炳体察民情

> 赵炳(生卒年不详)，字彦明，河北省唐山市迁西县大河山村人。其父亲赵宏，为元朝勇敢又有谋略的武将，对元朝开国有功，后升为镇国上将军。

赵炳幼年便父母早丧，由堂兄抚养。12岁那年，因年成不好，兄弟二人去平州(今卢龙)谋生，途中遇到强盗，赵炳的堂兄被扒下衣服绑上了。强盗要杀其兄，赵炳哭求代兄而死。强盗被兄弟义气所感动，放了他们。

赵炳20岁时，因是功臣之子便被朝廷视为亲信，到忽必烈即位前的潜邸侍奉忽必烈。他谨慎勤劳，从而得到信任。赵炳担任抚州州尹时，使城镇格局为之一新。己未年(1259年)，元军攻打南京时，燕京、蓟州一带发生动乱，当局以平乱为由招兵买马，横征暴敛，为害百姓。赵炳向忽必烈奏明，并追回征招的士兵和横敛的财物，全部归还了百姓。

赵炳因功升任刑部侍郎，兼任中书省断事官。当时有一权贵带妓女登上皇帝的龙船，赵炳依法对他进行了惩罚。不久，此人死去，其子拦皇帝御驾为父诉冤，皇帝召见赵炳责备他，赵炳说："我执行法律，维护皇上的尊严，这是本职应当做的。"皇帝见他不服而恼怒，斥他出去，继而对侍臣说："赵炳执法太严，但非徇私枉法之人。"遂改任赵炳为枢

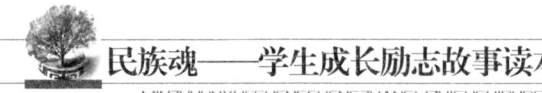

密院断事官。赵炳任济南路总管期间，有一年年成不好闹了饥荒，赵炳开官仓赈济百姓，博得百姓赞颂。赵炳升任辽东提刑按察使，消息传出，辽东一些强横狡猾和不法者有所收敛。

至元九年（1272年），赵炳任京兆路总管，并兼任京兆府府尹。皇子安西王到秦地（即关中一带）修建王府，皇帝诏令：建造王府事宜，一切都要听从赵炳安排。王府的官吏士卒每有横暴扰民者，赵炳就向安西王禀明。安西王对他说："以后如有人犯法，不必向我禀报，你可自行处治。"从此，强横狡猾的不法之徒不敢妄为，秦地百姓始得安宁。

皇上诏令用解州的盐税供王府费用，年长日久，百姓积欠20多万缗（每缗1000文铜钱），官府追讨清理，仅仅收上三分之一，百姓便难以承受了。赵炳密奏安西王说："十年拖欠让一下还清，百姓岂能承受得了！与其搜刮精疲力尽的百姓，哪如将恩惠施布于他们呢？"安西王认为他的话有理，急命免征，百姓无不称颂。适逢安西王北伐，皇帝诏谕用京兆府一年应收的赋税充作军费，赵炳又请求说："所征之课税，足够供军队北伐，可以宽免今年的岁赋，来恢复民力。"安西王同意。下达免税令。至元十四年（1277年），赵炳被加封为镇国上将军、安西王相。当年十一月，安西王去世。

至元十六年（1279年）秋，赵炳奉旨入宫参见皇帝。赵炳谈到安西王死后，运使郭琮、郎中郭叔云玩弄权柄，任意做不法之事，皇帝当即改任赵炳为中奉大夫、安西王相，兼理陕西五路西蜀四川课税屯田事务，并令赵炳乘驿站的专车同几名带敕命的使臣前往查办郭琮等人。他们回到安西王府后，不料郭琮借新继位安西王旨意，拘捕赵炳问罪，并逮捕了赵炳的妻子儿女，并于至元十七年（1280年）三月，派人将赵炳毒死在平凉（今平凉县）监狱中，时年59岁。皇帝闻听后，又差人押解郭琮等100余案犯到京。皇帝亲自审问，为赵炳洗冤，令赵炳的儿子赵仁荣在东城亲自斩杀郭琮、郭叔云。六月，皇帝降诏为赵炳昭雪，特追赠其为中书左丞，谥号"忠愍"。

▣心灵物语

　　赵炳秉性耿直率真，体察农民的生活疾苦，为民着想。并谏言惠泽于民，博得百姓的称赞。他一生为官，以民生为大计，被百姓所拥戴。

▣文苑荟萃

《农政全书》

　　《农政全书》为明末杰出的科学家徐光启所编撰。全书共分60卷，计有农本、田制、农事、水利、农器、树艺、蚕桑、蚕桑广类、种植、牧养、制造、荒政等12目，既大量考证收录了前代有关农业的文献，又有徐光启自己在农业和水利方面的科研成果和译述，因此堪称为当时祖国农业科学遗产的总汇。

　　天启二年（1622年），徐光启告病回乡。此时他不顾自己年事已高，亲自试种各种农作物，同时开始搜集、整理资料，撰写农书，以实现毕生的心愿。崇祯元年（1628年），徐光启官复原职，此时他的农书写作也已初具规模，但因上任后忙于负责修订历书，农书的最后定稿工作无暇顾及，直至病逝于任上也没能完成。此后，这部农书便由徐光启的门人陈子龙等人负责修订，于崇祯十二年（1639年），也即徐光启死后的第六年，刻板付印，定名为《农政全书》。

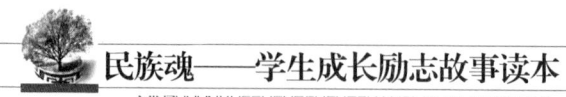

青文胜以死醒朝廷

青文胜（1358—1391年），字质夫，四川夔州府大宁县（今重庆巫溪县）人。

　　明朝湖广（今湖南、湖北）常德府龙阳县（今汉寿）是个地濒洞庭湖的小县。因为地接大湖，常罹水患，而一遇水患，稻禾漂没，经常颗粒无收。田地为湖水所侵，失田百姓生活无着落，可是仍然要如数缴纳田赋。龙阳县虽小，赋额却颇繁重，年征达3.7万石有奇，结果百姓年年缴不足赋额。年年拖欠，时间久了，积累的逋赋多达数十万，成为压在百姓头上的大山，压得人喘不过气来。

　　龙阳县有位典史名叫青文胜，字质夫，是四川夔州（今奉节）人。明朝的典史是县里的首领官，主管文书出入收发之事。像龙阳这样的小县，不设县丞（副县长）、主簿（县属官），典史还要掌管捕盗、粮马等事，是个连品级都没有的小官。可是青文胜却不因官卑职低而有稍许的失职，他以解除百姓疾苦为己任，一心想为百姓做些好事。

　　青文胜来到龙阳不久，就遇上一场大水灾，田地无收，可是上级官府依旧照额征收田赋。眼看着那些无力缴纳田赋的百姓天天遭到催逼毒打，甚至命丧棍下，青文胜不由拍案而起。府县官吏只知完赋交差，自保官位，青文胜知道与之多费唇舌无用，他决心一人前往京师，诣阙上疏，为民请命。

青文胜来到京师南京，像他这样一个小小的典史，又没有人引见，连皇帝的面都见不到，又怎能上诉面陈呢？他只好写了一份奏疏，请求蠲免龙阳百姓田赋，送了上去。可是一连数日，毫无消息。青文胜不甘心，又重写一份奏疏送上，结果又如泥牛入海，再无音讯。青文胜心中明白了，自己官卑职小，龙阳又是个无足轻重的小县，朝廷根本没有放在心上。想着那些被逼交纳赋税的百姓们的苦楚，自己动身入京面诉行前百姓们的期望之情，青文胜不由得叹道："何面目归见父老！"他突然之间想到了死，也许只有一死才能唤起朝廷的重视："吾为民请命，百不得，明主可以死悟也！"他决心舍身为民，作最后的拼争。

青文胜又写了第三份奏疏，他将奏书带在身上，来到皇宫朝门午门外，击响了登闻鼓，然后在鼓下自尽而死。

登闻鼓是明太祖朱元璋为使下情上达而专门设置的，立于午门外，设一名监察御史监鼓。"非大冤及机密重情不得击。击即引奏，敢阻告者罪。"青文胜自知所陈不合击鼓规定，于万般无奈中击鼓而自尽。

咚咚的鼓声惊动了朝廷，当监鼓御史将实情及奏疏上报明太祖朱元璋时，朱元璋也为之震惊了。一个小小的典史，竟以杀身而换取朝廷的蠲恤，朱元璋不由得为之动容。他特地下诏宽减龙阳县赋额2.4万余石，并限定岁征数额，龙阳百姓终于得救了。这是青文胜以死换来的民安。

青文胜死后，其妻子因家贫不能归川，只好在龙阳住下来，地方上拨给公田以养。到明朝万历十四年（1586年），明神宗特地下诏，令地方官府为青文胜建祠堂致祭，并赐其祠名惠烈。这时离青文胜赴难已200年了。

心灵物语

青文胜，一个小小的典史，因龙阳水灾，百姓流离失所，一心想为百姓做实事的他，以死来换取朝廷对灾情的重视。这样的官员，理所应当成为名垂青史的英烈。

青文胜身后轶事

　　洪武二十四年（1391年）五月初一，青文胜自缢于登闻鼓下，时年32岁。青文胜击鼓上疏的事很快就轰动了，皇帝急命钦差赶赴龙阳勘察，只见洪水滔滔，漫无边际，田园房屋，尽付汪洋，使臣拔腐一禾复命。皇帝感悯于青文胜为民献身，诏谕减免龙阳赋税三分之二，年纳稻谷1.3万石永为定额。

　　青文胜死后，一仆裹尸而还。子幼妇寡，贫不能归，便授公田百亩，定居龙阳，为邑内青姓之祖。县民对他感恩戴德，为青文胜在城东立祠。监察御史莫抑巡视至龙阳，为祠题联"一点丹心全赤子，九重红日照青祠"。

 # 卢、张二官爱民如子

卢熙（生卒年不详），字公暨，江苏昆山（今江苏昆山）人。洪武年初，睢州同知。博学好古，善楷法。

张宗琏（生卒年不详），字重器，江西吉水人。

明朝兵制中有一条清理军籍的规定，明朝的军户是一种专门的户籍，世代相承，永不脱籍。若是军中一户绝无承役时，便要由其所在原籍亲属中勾补。这个规定本为解决卫所缺伍问题，但是执行之中颇为扰民，加之清军御史为完成旨命，刻意追索，连及平民之户，经常闹得鸡犬不宁。一般清军御史莅临，地方官员或是胆小任其所为，或是无力与之抗衡，更有甚者，助其钩索，骚扰百姓，只求向上讨好，不管百姓死活。但是，也有一些地方官员，不顾自己的乌纱前程，一心安民，敢于抗驳清军御史所为，因而受到百姓爱戴。在明朝历史上，先后出现过两位地方官，都曾不顾自身安危，抗命于清军御史，这两位地方官又都同为州府同知之职，都因此而受到后世赞颂，颇值得于此一书。

明朝洪武年间，河南睢州（今睢县）有位同知名叫卢熙。

卢熙在任时，适逢御史奉命来睢州搜补旧军。那位御史大人只顾补足缺伍，不管真假，将当地百姓滥籍为伍者，多达千人。御史移檄命卢熙负责追送，卢熙感到十分为难。当时正是国初百姓未安之时，战乱之

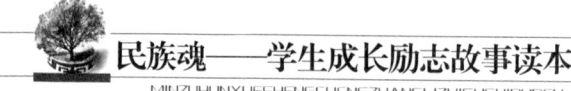

后，民刚复业，人户尚少，动辄勾补千余人，必定使百姓无法安生。因此卢熙决定不强行追索，而令百姓自动来报谁是军户。结果只得到了曾列军籍者数人，卢熙便将这几人送了去。

清军御史本欲勾补千人，一见只送来几个人，不由大怒，将送人的吏员关押起来，让人通告卢熙，必须将千人送来，否则以格诏论。所谓"以格诏论"，就是以对抗圣旨论处。同官们得知后都惶惧不安，卢熙却对他们说："吾民牧也。民散，安用牧？"说罢，独自一人去见御史，对他说道："州已无籍军，今民且散走，独有同知在耳，请以充役。"御史见他依然一个军户没有带来，却自身前来充役，又气又恼，斥之令去。卢熙却不管御史怎样发怒，只是坚立不动。御史知道其志不能夺，只好罢去，不再追索，睢州百姓因此得安。

后来卢熙死于睢州任上，他一生为官清廉，以至贫不能葬，由官府为之装敛。当卢熙的棺木要送归昆山故里时，睢州吏民都赶来为其送葬，挽哭者将道路都堵塞住了。天上突然降下大雨，可是百姓们依然在道上哭送，没有一个人肯回去。

无独有偶，明朝宣德年间有一个名叫张宗琏的常州（今属江苏）同知，也有过类似的为民请命之事。

张宗琏本来被任官为大理寺丞（最高司法机构之一的副长官），受命出厘各省军籍，因为奏事触怒皇帝，被贬谪到常州任同知。

那时候有个名叫李立的清军御史清理江南各地军籍。他只求增加军额，钩索军户连及姻亲和同姓，将不少民户勾补为军户，稍辩，则酷刑相加，民情大扰。

李立当时檄命张宗琏相随。每当看到李立以酷刑逼百姓补军时，张宗琏总要与之相争。李立本想让张宗琏助其追索，想不到他却每每替百姓讲话，不由大怒，还要下令施刑，张宗琏却已卧在地上，说道："请代百姓死。"李立再横，见此情况，也不知所措了。就这样，被张宗琏救下而免于株连的百姓甚众。

张宗琏虽然出身法司长官，却从来为政廉恕，不冤枉一人。见到李立横暴无理的做法，心中气愤难平，结果背疽发作，竟然不治。

张宗琏死后，常州百姓数以千计身着白衣去为他送葬，并且在君山为他建立了祠堂，岁时致祭。

张宗琏在朝为官时，就以廉正贤明著称，因此得到礼部郎中况钟和大学士杨士奇的推荐。张宗琏谪任常州，只身一人，不携妻子。后来，他病倒在官廨，请医生来诊治，屋里竟然连灯烛都没有。书童出去要了点儿油回来，准备点燃取亮，张宗琏却立刻让他还了回去。这样一位清正爱民的官吏，最后也为忧民而死，百姓们怎能不对他表示怀念呢？大学士杨士奇也对张宗琏之死感到无限遗憾，亲自为他书写了《君山庙碑》，记述他一生事迹，并且给予了高度的赞扬。

■心灵物语

卢熙与张宗琏二人均是一生廉政、爱民如子、一心向善，不对百姓以酷刑相加，反而替百姓说话，心系百姓。如此爱民，怎能让百姓忘记？怎能不值得歌颂与赞扬？

■史海钩沉

灵璧之战

灵璧之战是明朝开国皇帝朱元璋的第四子朱棣与建文帝之间争斗皇位的内战。建文三年（1401年），朱棣准备进军河北，转战河北各地。12月，朱棣得知南京守备空虚，可乘虚而入，便决定绕过山东，率军直取南京。

然而，由于北方士兵不适应南方的气候，很多官兵都病倒了，许多将领也请求撤军。这让朱棣很犹豫，最后在大将朱能的劝说下，他坚定了继续南下的决心。

这时，南方防御的主要军事力量驻军灵璧，并修建了大量工事。朱棣想与之决战不得，便截断了对方的粮草供给，将其围困起来。总兵何福无奈，准备突围，不想南军把朱棣率领的燕军进攻的信炮当成了突围的信号，纷乱涌出，结果大败。何福仅以身免，而南军的主要将领平安被俘。平安是朱元璋的养子，原本是朱棣的部下，很有才能，如今却成了朱棣的主要对手。所以平安被俘后，朱棣非常高兴。但朱棣舍不得杀掉平安，便将其押回北平。

灵璧之战后，朱棣再也没遇到过大的战斗。建文四年（1402年）六月十三日，朱棣兵临南京城下，李景隆、谷王打开金川门迎降。建文帝不知所终，朱棣取得了靖难之役的胜利。

■文苑荟萃

水龙吟

（明）刘　基

鸡鸣风雨萧萧，侧身天地无刘表。

啼鹃迸泪，落花飘恨，断魂飞绕。

月暗云霄，星沉烟水，角声清袅。

问登楼王粲、镜中白发，今宵又添多少？

极目乡关何处？渺青山，髻螺都校。

几回好梦，随风归去，被渠遮了。

宝瑟弦僵，玉笙簧冷，冥鸿天杪。

但侵阶落草，满庭绿树，不知昏晓。

积善成德故事 □

张瑾舍身为民请命

> 张瑾（？—1683年），字去瑕，号涤园，江南江都人。康熙二年（1663年）
> 中举人。

"吾食禄于君，不食佣于民"。这是清朝康熙年间云南昆明县知县张瑾的名言。张瑾不仅以此表达了他的爱民之心，而且把爱民之心变成爱民行动，终于成为一个敢于为民做主的著名清官。

张瑾自幼饱尝战乱之苦，长年辗转他乡，深切了解百姓渴望安居的愿望。因此，他做了地方官之后，能时时把百姓的安危系于心头。他在昆明县任官仅三年，即"以劳卒于官"。就在这短短的三年中，他为了使百姓安居乐业，不顾个人安危，多次为民请命，并千方百计安定人民生活，取得了明显效果，赢得了人民的爱戴，也为后人树立了榜样。

张瑾到昆明时，正值三藩之乱刚刚平定，往日陋规尚沿袭未除，人民生活相当困苦。昆明县为省城附郭县，这里百姓的赋税徭役负担要远远重于其他州县。康熙初年，云南的军卫田隶于藩府，"租素重"。平叛之后，"民土军屯既多以兵火辍耕"，但原征额却固定不变，而且转为昆明县的额征，以致"民不能供"。此外，"军兴时徭役繁兴"，省、府、县各级官署器用"率里民供应，而取给于县，积以为例"。这样又造成

了"昆明之徭，尤重于赋"的状况。一个县的百姓不仅要供应本县，还要供应府、省，加上里蠹科派，奸民包收，种种弊端使得昆明百姓无法忍受。张瑾深知，要想使百姓安居，首先要大大减轻他们的负担。他很清楚，"治冤狱易，均徭赋难"。他的儿子看到徭役繁重，实难处理，也劝他最好辞官回乡。但是，张瑾不忘身为父母官的责任。他郑重地对儿子说："臣不以艰难遗君，父不以危亡弃其子。"于是，他不畏艰难，毅然挑起了为民除弊兴利的重担。张瑾将百姓生活之困苦，以及赋役征收过于繁重的情况详报上官，请求减免昆明百姓承担的旧日军卫田租额。由于这一数字相当可观，上官未予批准。张瑾见为民请命没有结果，便把原已辍耕的军卫田划为荒田列入本县所辖，"招流亡，给牛种，薄其征以济军卫之赋。一年垦田3370亩，三年得万余亩，则又以均其徭"，终于使农民负担明显减轻。

同时，张瑾严格要求属吏，"又使里蠹不能科派，奸民不能包收，城狐社鼠不能侵渔为弊"。旧例，昆明县百姓每日要供县公费银十两。张瑾明确表示："吾食禄于君，不食佣于民。"并亲赴总督衙门，要求批准免去这一费用，并减少对府以上各级官署的供应。总督范承勋笑着问他："今家几何人？"张瑾回答："子一，客与仆各二。"范承勋不信，派人了解，果真如此，而且"其子且夜寝于地"，于是非常感动，下令免去县的公费银，"而上之取给者亦减"。

云南的昆明池，"受四山之水，夏秋暴涨，挟沙石怒流"，入昆明县境的闸河，往往由于沙石壅塞而使河水溢出，淹坏农田。因此，昆明县每年要动用大量民工疏浚闸河。靠近昆明的晋宁州，"受东南诸箐之水，旧迹有河道入江，上官议凿之以通闸河"。张瑾闻知此事，首先想到百姓的利益。若照此办理，必给百姓带来很大困难，一到汛期，昆明田地将大量被淹；若不断疏通河道，每年要动用数万民工，同样是百姓的负担。因此，他绘出了地形图，与上官据理力争："一河不能两受，闸河独受昆明之水，已不能吐纳，沙石旁溢为害，岂可更受晋宁水乎？且其地高若建瓴，沙石荦确尤甚，殆不可治。"上官坚持己见，执意按计划施工。张瑾为了百姓利益，不怕丢官，直接告到总督范承勋那里，他指着图大喊道："高下在目，何忍陷民于死？"一旁观看的官员"皆失色"，而范承勋却被他为民请命的举动所感动，说："县令言是也。"遂决定废除原计划。于是，"岁省民力四万七千"，百姓农田亦得以保全。

"昆明一县，辖于二大府、两司、三道"。当时，总督、巡抚"不相下，出则并驾"。一次，二人将阅兵，"抚军以街狭，不容两舆，令知府毁云津桥南北市屋，民大哗"。仅仅为了两官相争，竟要随意拆毁民居，置百姓死活于不顾，为此，张瑾很是不安。他立即驰奔云津桥现场，当他看到敢怒而不敢言的百姓都在期待着他时，便请知府停止拆屋。知府无可奈何地说："不去屋，将去太守。"意思是说，不拆掉这些房子，我这个知府就保不住了。张瑾听罢，对他说："当去县令。"表明了自己为民做主、不怕丢官的决心。于是，"疾走军门"，劝告抚军，既是阅兵，就要大扬军威，数千人挤一狭巷，有损军容。不如总督、巡抚各率其军，分两门出城，至某地会合，使"观者不测，可耀十万军容也"。抚军听罢大悦，遂罢拆屋之议，百姓房屋得保全。

张瑾在昆明三年之间，先后多次不顾个人安危，为民请命，维护了百姓的利益。同时，为使百姓安居乐业，他还大兴水利，使"田以常稔"；开设集市、牧场，使"货廛、牧场相比"；又申请将吴三桂的安阜园由县接管，"耕之以食孤贫废疾"。

昆明百姓对张瑾这样一位地方官是极为信任和爱戴的。一次，"偶误传其去官，一城大哗。拥制府马后叫留数日"。待其去世后，"士民数

千人奔哭"，后偶得其画像，"城内外皆相传写，请祀名宦"。正如张瑾同乡焦循所言，张瑾"不畏上官而爱民如子，处兵燹之后，百利皆兴，可为后之师范也"。

■心灵物语

张谨不顾自己的安危，舍身为民请命，极力维护百姓的利益。这种不畏上官、爱民如子的官员，到哪里都会备受爱戴。

■史海钩沉

康熙移天缩地

清朝康熙统治时期，陆续修建了畅春园、承德避暑山庄、热河木兰围场等园林建筑，他的孙子乾隆皇帝又继续兴修了三山五园（香山、玉泉山、万寿山，畅春园、圆明园、静明园、静宜园、清漪园也就是颐和园），这样就将中国的古典园林艺术推到了一个最高峰。

承德避暑山庄这座比北京颐和园要大上一倍的皇家园林，并非通常意义上的休息场所，而是与木兰围场一样，成为康熙政治棋盘上的一颗至关重要的棋子。这些按照蒙古西藏等民族风格修建的宫殿庙宇，其更重要的意义在于让蒙藏等各种上层人物进入山庄后能有一种宾至如归的感受。

六世班禅为乾隆祝寿，就住在避暑山庄；派遣驻藏大臣，明确灵童转世和金瓶掣签制度等，也都在这里。蒙古王爷们朝见皇帝住在这里，皇帝接见外国史臣也在这里。卷帙浩繁的《四库全书》存放在这里，嘉庆和咸丰两位皇帝先后死在这里。可以说，避暑山庄见证了清王朝所经历的风风雨雨。

□文苑荟萃

长相思

（清）康 熙

桃花飞，杏花飞，片片飞花林中随，把酒轻锁眉。

槐花落，桂花落，点点落花逐流水，征人归不归。

歌千阕，词千阕，天长地久情切切，与君吟留别。

诗一行，赋一行，墨染白素泪成霜，那堪秋风凉。

长相思，长相忆，相忆相思君知否，情浓两处愁。

长相伴，长相守，相守相伴妾所求，恩深水长流。

田文镜直言奏民情

田文镜（1662—1732年），汉军正黄旗人，监生出身，康熙末年任侍讲学士，雍正朝授兵部尚书衔，兼河东（河南、山东）总督。康熙十年（1671年）十一月，以久病请解任，十五日批准，二十一日（1733年1月6日）命予田文镜祭葬，谥端肃。

康熙二十二年（1683年），田文镜以监生入仕，任福建长乐县县丞，开始他的政治生涯。随后缓慢升迁，至康熙六十一年（1722年），年过六旬的田文镜历官40载，只当个内阁侍读学士，政绩平平。然而，雍正帝登基之后，仅短短几年时间，田文镜竟成了朝野闻名的能臣，而且是雍正帝最为称许的三大臣（鄂尔泰、李卫、田文镜）之一。这当然与他多年在官场历练出的精明才干以及实心办事的态度有关，但最重要的还是遇到了能够识别、提拔他的英明君主。田文镜之所以能取信于雍正帝，就在于他敢于为民请命，如实反映民间疾苦，因而获得了雍正帝的器重。

雍正帝是个有作为的君主，自登基之日起，就很关心百姓的疾苦。他曾下谕户部，"治天下要道，莫过安民"，并在直隶、山东、河南等省遇灾时，下令"缓征额赋"，及时遣官赈济，使百姓得以安枕。他还要求各处官员凡遇灾情，都要及时上报，以救黎民于水火。但是，雍正帝的要求并非各省官员都能做到。有些官员在遭灾之后，故意将灾情报重，以侵吞朝廷发下的赈济钱粮。还有些官员则遇灾不报，根本不顾百姓的死活，只图捞取政治资本，沽名钓誉。

雍正元年（1723年）春，山西平定州、寿阳县、徐沟县、祁县等州县以及汾州府属等地方，因头年旱灾荒歉，民间生计维艰。但是，作为山西地方长官的巡抚德音及布政使森图却匿灾不报。他们曾为显示政绩曾奏报山西风调雨顺，为掩饰前言，只有置百姓生死于不顾。不仅如此，他们还加紧催征钱粮，以致"黎民饥馑"，人怨鼎沸。对于山西的灾情，雍正帝曾听川陕总督年羹尧提及。而年羹尧为照顾德音的关系，并未详谈。雍正帝为了解情况，特地询问德音等，而德音仍以山西无灾上报。

这时，身为内阁侍读学士的田文镜受命告祭西岳华山，途经灾区，目睹饥饿流亡的惨状，心中十分不安。尤其当他听说山西地方官以无灾上报，陷黎民于水火，更是怒不可遏。本来山西受灾，与田文镜毫无关系。常言道："不在其位，不谋其政。"他完全可以不管这里的事情而回京交差。但是，作为朝廷的官员，他的良心使他不能袖手旁观，他决定不顾人微（侍读学士为从四品官，相当于地方的知府）言轻，为民请命，救民于水火。他将平定州等处受灾的情况以及百姓的疾苦详细记录，回京后将所见所闻如实地向雍正帝汇报，并提出立即赈济灾民。雍正帝听了田文镜的汇报，确认山西的灾情，更佩服这位年过六旬老人的"直言无隐"。他当即下令，将德音、森图交吏部查议，同时委派田文镜赶赴山西赈灾，并强调："务使恩泽实霑，抚养得所，毋羁时日，以致群黎失业。"

田文镜受命之后，立即奔赴灾区。他一方面停止征收，一方面出官帑向邻省籴粮救灾。当时，陕西督抚闻讯运米万石，而直隶一些州县则因米贵禁粜。平定州等处原本山多田少，百姓大都依靠陶冶器具至各省易米为生。由于直隶米不能进山西，实难解燃眉之急。于是，田文镜再

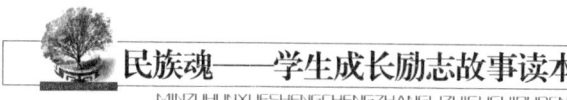

次为民请命，向雍正帝反映了各省分疆划界、漠不相关的状况。雍正帝当即下谕直隶巡抚，"晓谕邻近平定州等处州县，不得禁籴"，并说："昔春秋时，诸侯各君其国，尚申遏籴之禁。今天下一家，海内之民，皆吾赤子，自宜缓急共济。"同时告诫各直省督抚共知之。这对于解救山西灾民起了很大作用。

此次山西赈灾，使灾民获救者达七八十万之众。这自然是田文镜为民请命的结果。田文镜也正是因此而受到了雍正帝的信任和提拔，从而使他的才能得到发挥。

■心灵物语

田文镜不顾以下犯上，直言灾情，做到了一个朝廷命官应做的事情，因此得以提拔与重用。他的所作所为，也使雍正能正确了解民情，使得更多的灾民得到救助。

■文苑荟萃

《清史稿》

《清史稿》是《清史》的未定稿。《清史稿》的编修工作历时十余年。直到1927年，主编赵尔巽见全稿已初步成形，担心时局多变及自己时日无多，于是决定将各卷刊印出版，以《清史稿》的名称刊行，以示其为未定本。《清史稿》史料丰富，价值不可忽视，因此不少学者将其列为"二十五史"或"二十六史"之一。

《清史稿》全书共536卷，其中本纪25卷，志142卷，表53卷，列传316卷，以纪传为中心。所记之事，上起1616年清太祖努尔哈赤在赫图阿拉建国称汗，下至1911年清朝灭亡，共296年的历史。

 # 周际华使百姓免水患

> 周际华（1772—1846年），字石藩，初名际岐，后更今名。清朝贵州贵筑县（今贵阳市）人。嘉庆三年（1798年）中举人，六年（1801年）顾臬榜成进士。授内阁中书，以就近养家请改遵义府教授。历任辉县知县，陕州知州，高淳知县，兴化知县，江都兼署泰州知州。际华为官，关心人民疾苦，每到一处，都为百姓做了不少好事。在辉县时，率民疏浚河道，劝民植桑种树，毁淫祠，兴义字；在陕州时，修峡石驿道路；在兴化时，为水患，心系亿万生灵之性命，又教民间女子学习纺织，使木棉之利大兴；在泰州时，因江都沿江居民连年遭水灾，又请开义仓，赈济灾民，使人心稳定。1842年，英帝国主义侵犯长江时，率领江都民众一致对外，抗击英国人。

清朝嘉、道年间，有一位"自奉淡泊，而见义必为"的地方官，他能在百姓处于危难之时不怕丢官，为民请命，救民于水火。因此，他任官几十年，"所至，民情悦服"。他的名字叫周际华。

周际华自幼聪颖，"家贫力学，以远大自期"。因此，做官之后，能以治理地方为己任，尽力安抚百姓。如劝农桑、疏河流、修堤坝、建城垣、通道路、设义仓、办学校、兴义学，"凡教养之政靡不兴举"。他还根据各地的不同情况，竭力为民兴利。如在辉县，"课民种桑四万株，教之育蚕，他树亦十五万株，于是邑有丝絮、材木之利"。先是"辉县及兴化民皆不习织，际华辄自出赀置织器教之，转相授，于是二县有衣

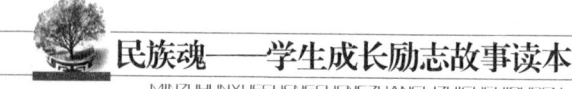
被贩贸之利"。周际华最大的特点，在于他"遇事敢言，不畏强御"。他多次在百姓危难之时救民于水火，真正做到了"见义必为"。

周际华在遵义府做儒学教授时，正值大旱，粮价飞涨，百姓在饥饿中挣扎。有人沿街乞讨，有人拦路抢劫往来小贩，一时"民情汹惧"。作为儒学教授的周际华本无理民之责，但他看到嗷嗷待哺的灾民，于心不忍，便力请知府发常平仓之储备粮，以平市价。知府表示："当申白上官，然后可行。"周际华争辩道："遵义去省三百里，牒文往复须六七日，且上官听否不可知。拨发常平，不过罢官，公罪而已。可以救民，何惜一官为？"于是，自愿承担责任，不待知府上报，便径发仓谷以粜，"民赖以活"。第二年，"年熟归谷常平，有赢无绌"，人皆称赞。

周际华在辉县时曾遇水灾，当时百姓歉收，而政府的赋税征收却照常进行。为使百姓免于苦上加苦，周际华请上官缓征当年钱粮。上官不允，周际华据理力争："困极之民，迫以征输，必激而生变，变则有司当其罪，于国计民生两无所补。今为国家，固筹本之计，必当维持尽善。民情可闵，民势亦可畏也。"上官终于应允。

兴化县处于里下河之下游，"水患尤急"。每遇大水，农田、庐舍多被淹没。周际华在任时，议开拦江坝以泄湖、河之水。而当时的盐官及盐商"以为坝开则水南下溜急，于盐舟牵挽不便"，极力反对。周际华力争无效，便一直争到总督林则徐处，他慷慨陈词："盐务所计，不过十四里牵挽之资，以较七州县田庐、场灶之漂溺，蠲免赈恤之烦费，亿万生灵之性命，轻重何如？"最后，终于依议而行，使七州县百姓免于水患之扰。

周际华注重安民，并以他"见义必为"的行动取得了明显效果。他治理的州县，境内安宁，民心稳定。江都县是周际华任职的最后一个地方，当时正值鸦片战争之际。道光二十二年（1842年），英国侵略军的舰船开入江都县境，"民情安堵，无一为乱者。时皆谓君（指周际华）前赈济之德，有以安服民心故然"。

清人曾有这样的议论："州县牧令与民最亲，国家之墙基也。牧令贤，可以厚民气而固朝廷之根本。"周际华的事迹正可以成为这种观点的论据。

■心灵物语

周际华重民爱民，为民请命，把百姓的疾苦寄于己身，终使百姓免于水患之扰。后来，他的事迹为老百姓所称颂。

■史海钩沉

嘉庆皇帝镇压起义

乾隆末年，国内阶级矛盾尖锐，清王朝已开始由盛转衰，国内起义也是此起彼伏。乾隆刚刚退位，川、楚、陕等地就爆发了白莲教大起义。到乾隆去世前，朝廷多次派兵围剿。起义军虽受到一些打击，但仍然如火如荼。

嘉庆帝亲政后，一方面通过诛杀和珅缓解民怨，并将几年来镇压起义不力的责任推给和珅；另一方面，他又更易统兵大员，奖惩分明，严密军事部署，实行剿抚兼施的两手政策，分化瓦解起义军。经过6年的艰苦努力，才在嘉庆十年（1805年）将起义镇压下去。然而，这次起义也令清政府耗费军费2亿两，相当于4年的财政收入，使清王朝元气大伤，此后清朝的统治也逐渐走向衰落。

由于清政府对民众的压榨日益加剧，东南沿海部分民众被迫下海为盗。从乾隆五十九年起，蔡牵等人便在东南海上劫船越货，封锁航道，收"出洋税"，后来进一步发展为反清起义。清政府命浙江水师提督李长庚赴闽造大舰，铸炮负责镇压。直到嘉庆十五年（1810年），起义才被镇压下去。

嘉庆十八年（1813年），嘉庆帝离京前往热河围猎，北京防务空虚，北方爆发了天理教起义，部分天理教徒在太监的接应下冲入皇宫。当时正

在宫内的皇次子绵宁用鸟枪打死了两个天理教徒，镇国公奕灏调来火器营、健锐营兵入宫，义军终因寡不敌众，被全部消灭。嘉庆帝闻讯后，即下诏罪己，同时严令对冲入皇宫的起义军血腥屠戮，并诱捕在城外的头目林清等。随后，各地的天理教起义也陆续被镇压。

■文苑荟萃

古播山村

（清）周际华

山村篱落隐斜晖，一径风雨扑面飞。
宛转歌声牛背隐，牧童身带绛儿归。
江边结舍两三家，近水柴门柳暗遮。
忽听哪哑声渐近，老渔沽酒酌林花。

 # 张琦为民请赈

> 张琦（1764—1833年），初名翊，字翰风，号宛邻。江苏阳湖人，张惠言之弟。嘉庆十八年（1813年）举人。历知章丘、馆谷等县。善医术，民有病者，设局自诊之。琦工诗词古文及分隶，尤精舆地之学，与兄惠言齐名。著有《宛邻诗文集》四卷，《战国策释地》二卷，《素问释义》12卷，均《清史列传》及《立山词古诗录》等，并传于世。

　　道光三年（1823年），山东邹平县等16州县遭受了严重的旱灾。不仅秋收受损，而且至年底，麦种尚未入土，来年夏收又将无望。如此严重的灾情，朝廷竟然不知，政府的赋役征收照常进行，以致百姓极为困苦。

　　造成这一状况的原因，在于地方官平时靠赋役征收中的耗羡谋取私利。如果年景不好，朝廷下令缓征、减征或免征，他们便无法满足私欲。因此，各州县官便不顾人民的死活，"相率讳灾"，匿而不报。正当百姓无法维持生活的时候，邹平县来了一位新上任的知县。他为民请命，将灾情如实上报，终使十六州县百姓重新获得了生机。这位新上任的知县就是张琦。

　　张琦到邹平县，已是当年的十二月底。按照往年习俗，这正是家家户户忙于过年的时候，应是一派欢腾景象。然而，张琦看到的却是死一

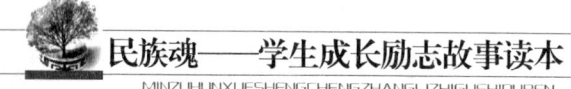
般的寂静。当他得知这里旱情严重，便走遍全县，"阅四百七十村"，详细掌握了第一手资料。他痛恨那些匿灾不报的官员，为了安定民心，他毫不犹豫地"申牒报灾"，请求缓征钱粮，以使百姓渡过难关。没过几天，张琦又坐不住了，他既担心牒文往返费时，又恐上官不准。因此，年节尚未过完，他便于正月初四动身，亲赴省城，向主管民政、财政的布政使朱桂桢当面呈报灾情，再次申请缓征受灾各州县钱粮。朱桂桢深受感动，立即请示山东巡抚。按照惯例，各地向朝廷申报灾情，应在秋收时节，此时报灾显然不合规定。但是，张琦面述的邹平等州县灾情，不得不使巡抚"破成例入奏"。不久，朝廷批准缓征钱粮，而且，"因邹平得缓征者十六州县"。一时万民喜悦，而张琦也得以远近闻名。

张琦自幼读书，有远大抱负，但是，"命不副才"，直到60岁才出任知县。因此，他十分珍惜这个机会，努力为百姓做些实事。道光五年（1825年），张琦调任馆陶知县。恰恰这一年，他又遇到了与邹平同样的情况。那年天旱，入春以后，风沙大起，馆陶境内"风霾三日夜，对面不见物"，沙尘压麦苗皆死。灾情造成了百姓的恐慌，也使大量饥民涌上街头。"饥民聚掠之案，已积十余起"。张琦一方面组织抗旱、祷雨，另一方面又抓了几个带头抢粮的人。当他得知有"富民闭粜居奇"，便严厉打击，"分别按治"，遂使"民大悦"，社会秩序日渐稳定。随后，张琦又对全县受灾情况及饥民人数作了全面调查和统计，并及时将调查的灾情如实上报省里，请求政府拨下赈济灾民两个月的钱粮。

当时，馆陶附近的一些州县也有灾情，但远不及馆陶严重。那些州县官听说馆陶请赈，也纷纷申请赈济。省里接到各州县的请赈文书，发现馆陶请赈数额最多，而"馆陶地褊小，赈数多邻邑数倍"，便严厉斥责张琦，认为他假公济私。张琦为解民困，不怕丢官，据理力争，再次申诉馆陶灾情严重，并请上官来作调查。正在此时，山东省长官接到皇帝要求奏报"岁饥状"的谕旨，于是省内大员便到各州县视察。当视察大员来到馆陶后，"民迎诉赈弊"，申诉灾情，与张琦所报完全一致。再经过到其他州县视察，他们才发现，各州县所报灾情，"唯馆陶得实"。于是，"劾罢他邑令，而厚慰琦"，并且按张琦所报，如数拨下赈济钱粮。馆陶百姓终于在张琦的努力下度过了灾荒之年。

█心灵物语

张琦的同乡蒋彤曾就张琦的事迹作过这样的评述："古君子号有为于世者，恒志余于力。志垂于数世者，力济于一时；志优于天下者，力完于一方。苟无久远广大之志，求其力之稍有所及，亦不可得也。"人们可以从张琦立志为民的事迹中体会到这一点。

█史海钩沉

天理教起义

嘉庆年间，京畿、直隶、山东、河南等地的八卦教（九宫教）、荣华会、白阳教、红阳教、青阳教等教派的部分教徒，联合起来发动起义，史称天理教起义。

起义的主要首领为河南滑县人李文成、冯克善和京畿大兴县人林清等。教内以八卦为分支名目，主要经卷为《三佛应劫统观通书》等，传习"真空家乡，无生老母"八字真言。教会崇拜太阳，信奉"三极"说，即认为世界的发生、发展经历过去、现在、未来三个时期，"过去"称无极，"现在"称太极，"未来"称皇极。倡言"红阳劫尽，白阳当兴"，该由"十八子明道""孝姓应世"。

天理教冲破了八卦教世袭传教家族敛钱自富的传统，提出了入教者缴

纳根基钱(或称"种福钱"),具有发动武装起义、推翻清王朝统治的政治目的。嘉庆十八年(1813年),天理教曾组织发动京师、河南、山东等地教徒起义,京师的一支还曾攻入紫禁城。后来在清军镇压下,起义先后失败。

■文苑荟萃

登摄山最高峰

(清)张　琦

初疑天际峰,鸟飞不可度。

石磴几盘旋,忽到绝顶处。

渐觉远村低,微茫隐烟树。

长江拍云来,欲挟众山去。

上方犹夕阳,千林黯将暮。

立久薄寒生,客衣湿云雾。

我生幸何如,得投灵境住。

心静闻天香,超然发深悟。